MANDALAS
LIBRO PARA COLOREAR

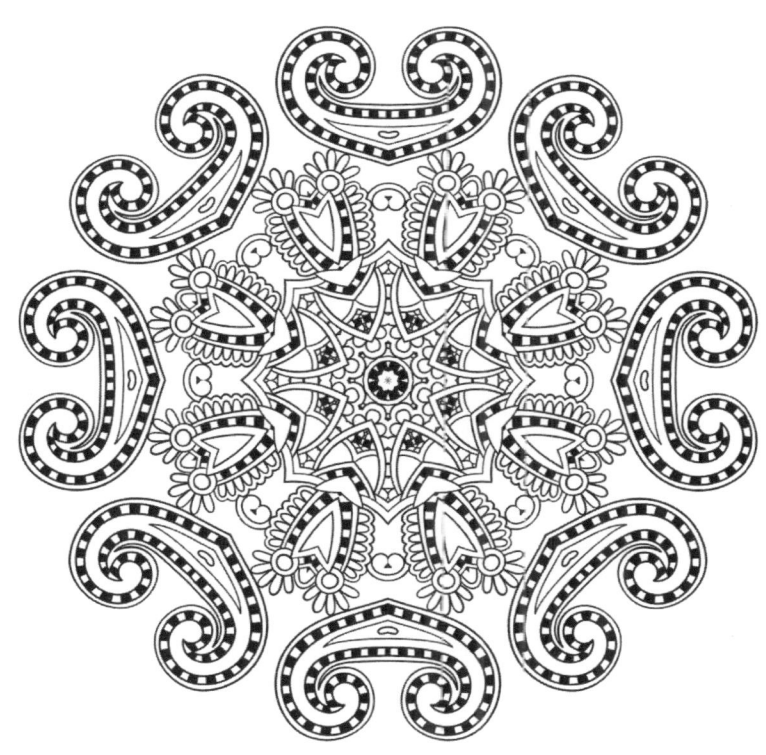

MANDALAS
LIBRO PARA COLOREAR

CLARE GOODWIN

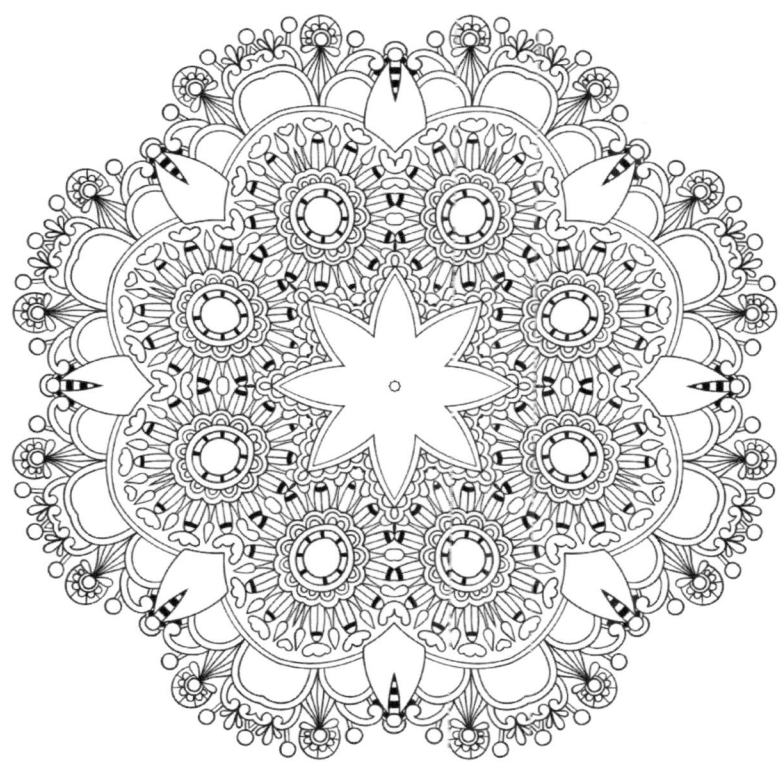

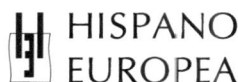

HISPANO
EUROPEA

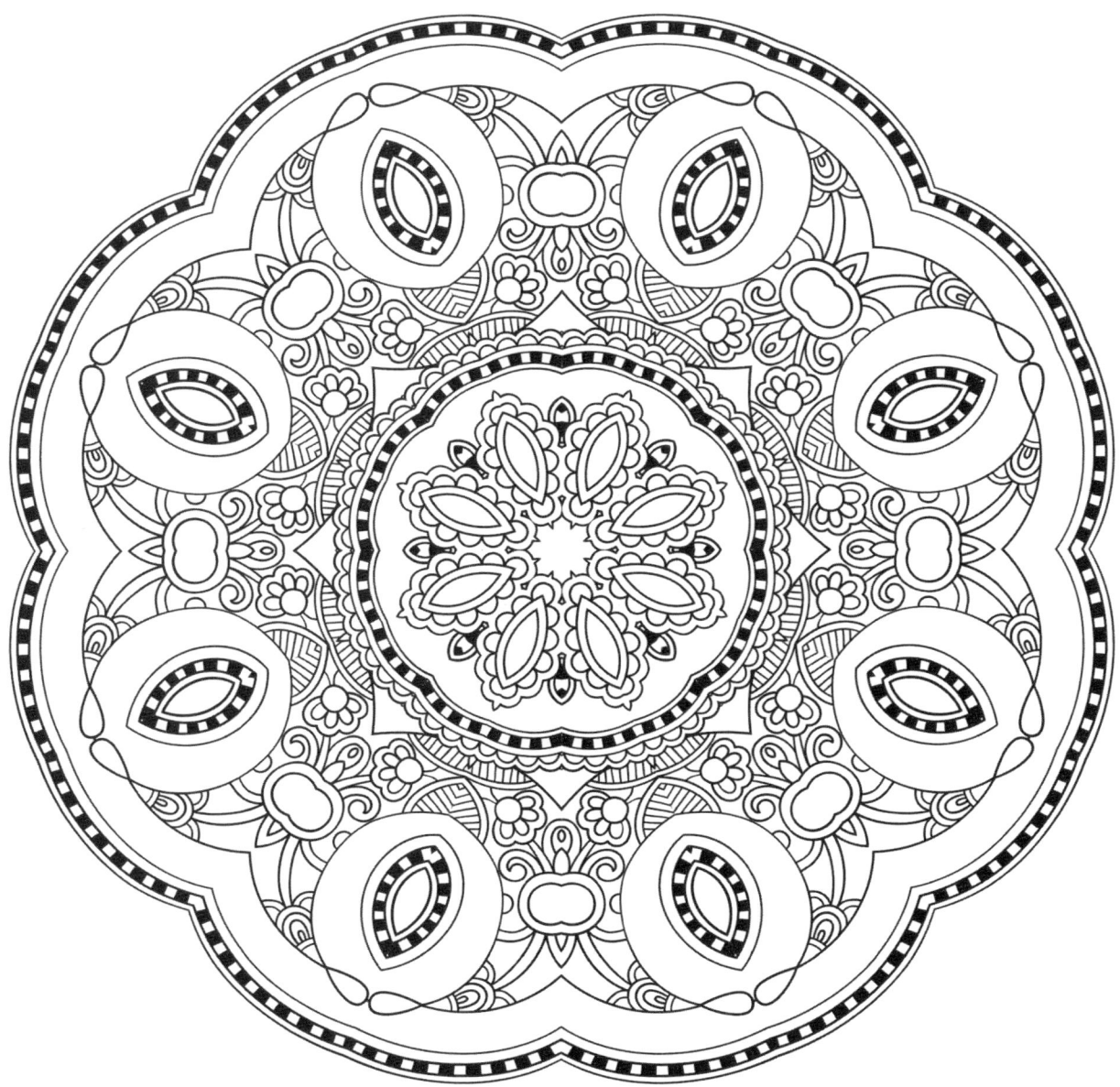

Título de la edición original: Mandala

Publicado por primera vez en lengua inglesa por:
© Arcturus Publishing Limited
26/27 Bickels Yard, 151–153 Bermondsey Street,
London SE1 3HA

© Arcturus Holdings Limited

© de la edición en castellano, 2015:
Editorial Hispano Europea, S. A.
Primer de Maig, 21 - Pol. Ind. Gran Via Sud
08908 L'Hospitalet (Barcelona), España
E-mail: hispanoeuropea@hispanoeuropea.com

© de la traducción: Esther Gil

Consulte nuestra web:
www.hispanoeuropea.com

Depósito Legal: B. 21859-2014

ISBN: 978-84-255-2109-6

Segunda edición

Impreso en España
T. G. Soler, S. A.
Enric Morera, 15
08950 Esplugues de Llobregat (Barcelona)

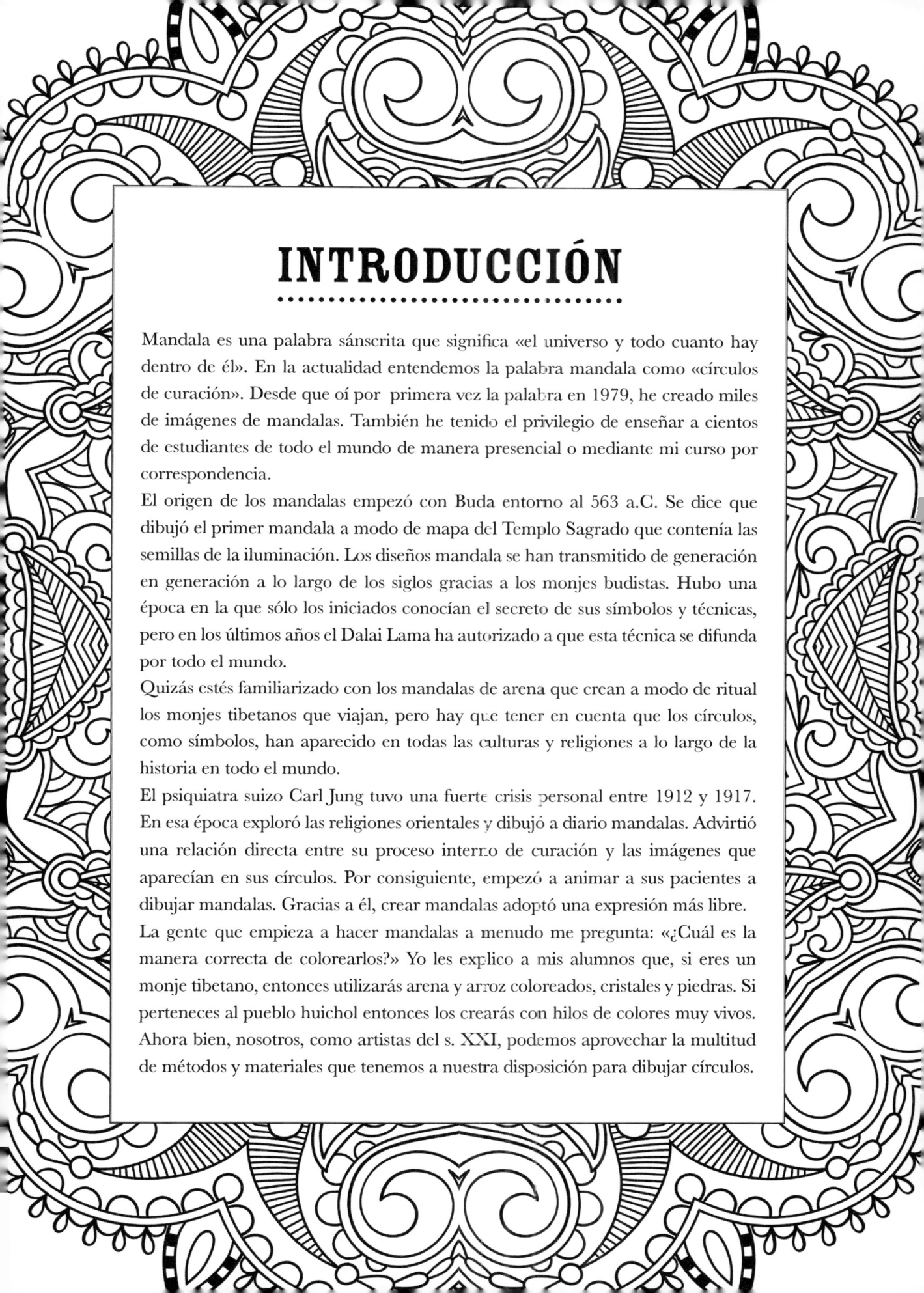

INTRODUCCIÓN

Mandala es una palabra sánscrita que significa «el universo y todo cuanto hay dentro de él». En la actualidad entendemos la palabra mandala como «círculos de curación». Desde que oí por primera vez la palabra en 1979, he creado miles de imágenes de mandalas. También he tenido el privilegio de enseñar a cientos de estudiantes de todo el mundo de manera presencial o mediante mi curso por correspondencia.

El origen de los mandalas empezó con Buda entorno al 563 a.C. Se dice que dibujó el primer mandala a modo de mapa del Templo Sagrado que contenía las semillas de la iluminación. Los diseños mandala se han transmitido de generación en generación a lo largo de los siglos gracias a los monjes budistas. Hubo una época en la que sólo los iniciados conocían el secreto de sus símbolos y técnicas, pero en los últimos años el Dalai Lama ha autorizado a que esta técnica se difunda por todo el mundo.

Quizás estés familiarizado con los mandalas de arena que crean a modo de ritual los monjes tibetanos que viajan, pero hay que tener en cuenta que los círculos, como símbolos, han aparecido en todas las culturas y religiones a lo largo de la historia en todo el mundo.

El psiquiatra suizo Carl Jung tuvo una fuerte crisis personal entre 1912 y 1917. En esa época exploró las religiones orientales y dibujó a diario mandalas. Advirtió una relación directa entre su proceso interno de curación y las imágenes que aparecían en sus círculos. Por consiguiente, empezó a animar a sus pacientes a dibujar mandalas. Gracias a él, crear mandalas adoptó una expresión más libre.

La gente que empieza a hacer mandalas a menudo me pregunta: «¿Cuál es la manera correcta de colorearlos?» Yo les explico a mis alumnos que, si eres un monje tibetano, entonces utilizarás arena y arroz coloreados, cristales y piedras. Si perteneces al pueblo huichol entonces los crearás con hilos de colores muy vivos. Ahora bien, nosotros, como artistas del s. XXI, podemos aprovechar la multitud de métodos y materiales que tenemos a nuestra disposición para dibujar círculos.

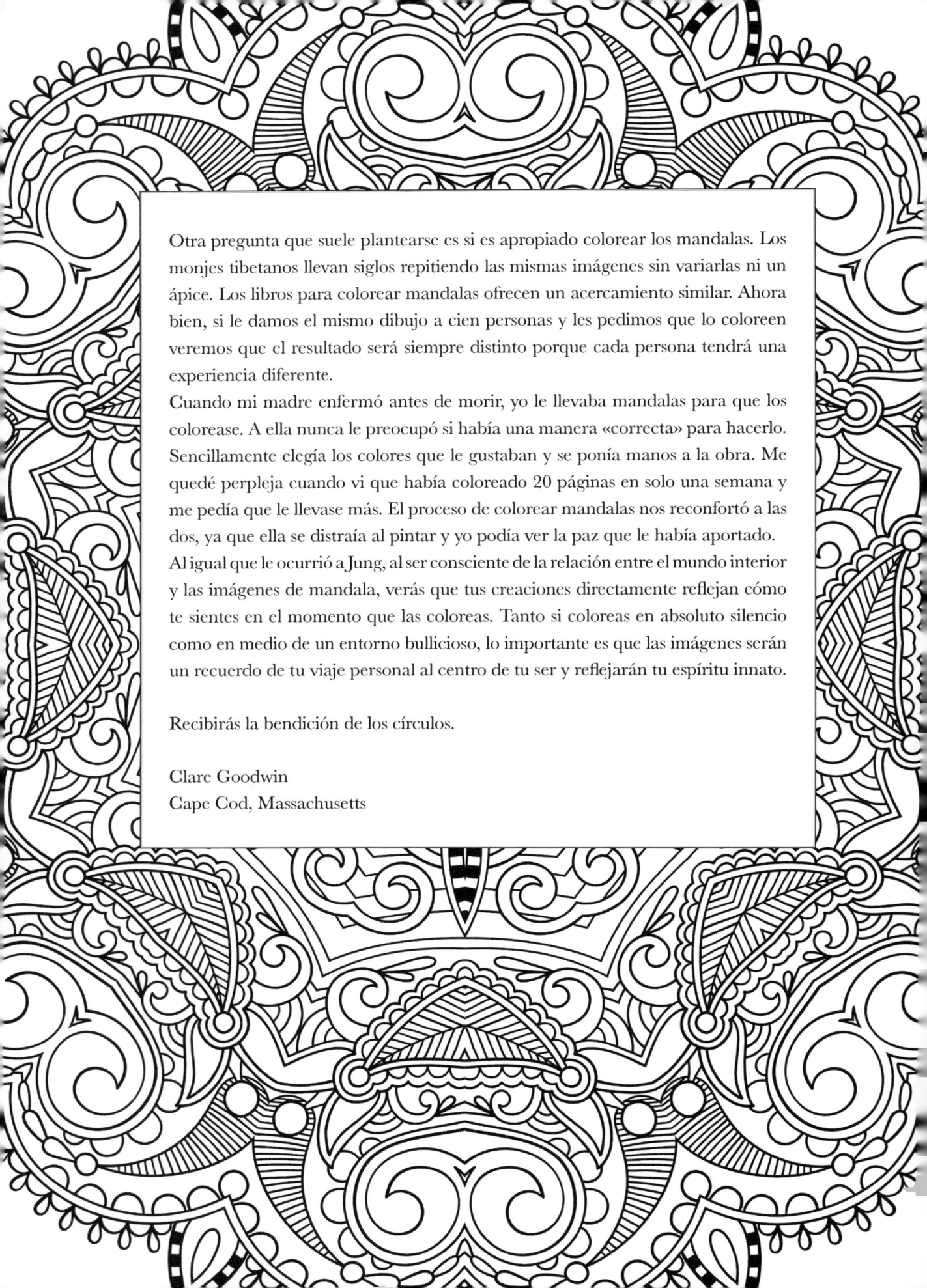

Otra pregunta que suele plantearse es si es apropiado colorear los mandalas. Los monjes tibetanos llevan siglos repitiendo las mismas imágenes sin variarlas ni un ápice. Los libros para colorear mandalas ofrecen un acercamiento similar. Ahora bien, si le damos el mismo dibujo a cien personas y les pedimos que lo coloreen veremos que el resultado será siempre distinto porque cada persona tendrá una experiencia diferente.

Cuando mi madre enfermó antes de morir, yo le llevaba mandalas para que los colorease. A ella nunca le preocupó si había una manera «correcta» para hacerlo. Sencillamente elegía los colores que le gustaban y se ponía manos a la obra. Me quedé perpleja cuando vi que había coloreado 20 páginas en solo una semana y me pedía que le llevase más. El proceso de colorear mandalas nos reconfortó a las dos, ya que ella se distraía al pintar y yo podía ver la paz que le había aportado.

Al igual que le ocurrió a Jung, al ser consciente de la relación entre el mundo interior y las imágenes de mandala, verás que tus creaciones directamente reflejan cómo te sientes en el momento que las coloreas. Tanto si coloreas en absoluto silencio como en medio de un entorno bullicioso, lo importante es que las imágenes serán un recuerdo de tu viaje personal al centro de tu ser y reflejarán tu espíritu innato.

Recibirás la bendición de los círculos.

Clare Goodwin
Cape Cod, Massachusetts

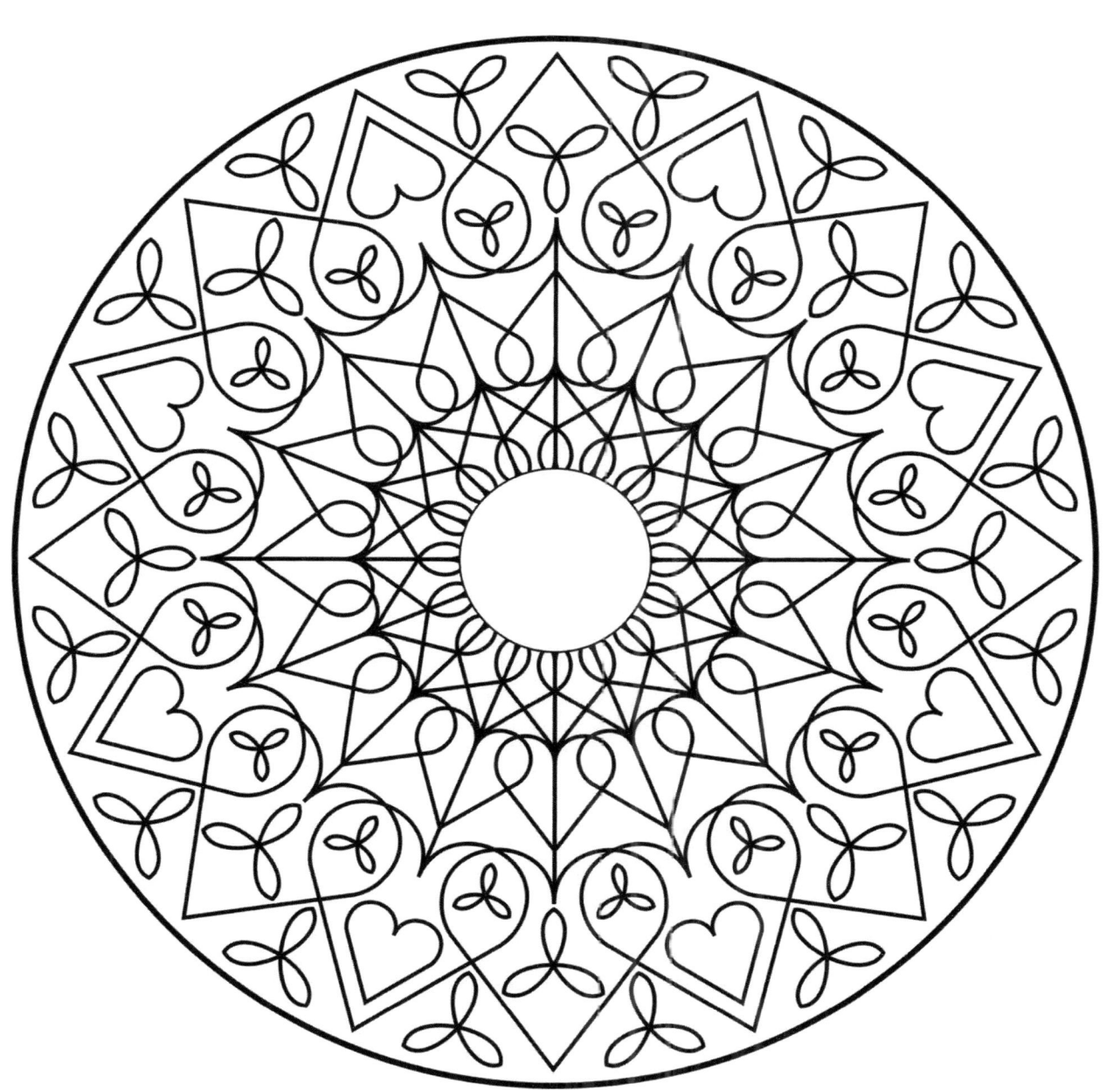

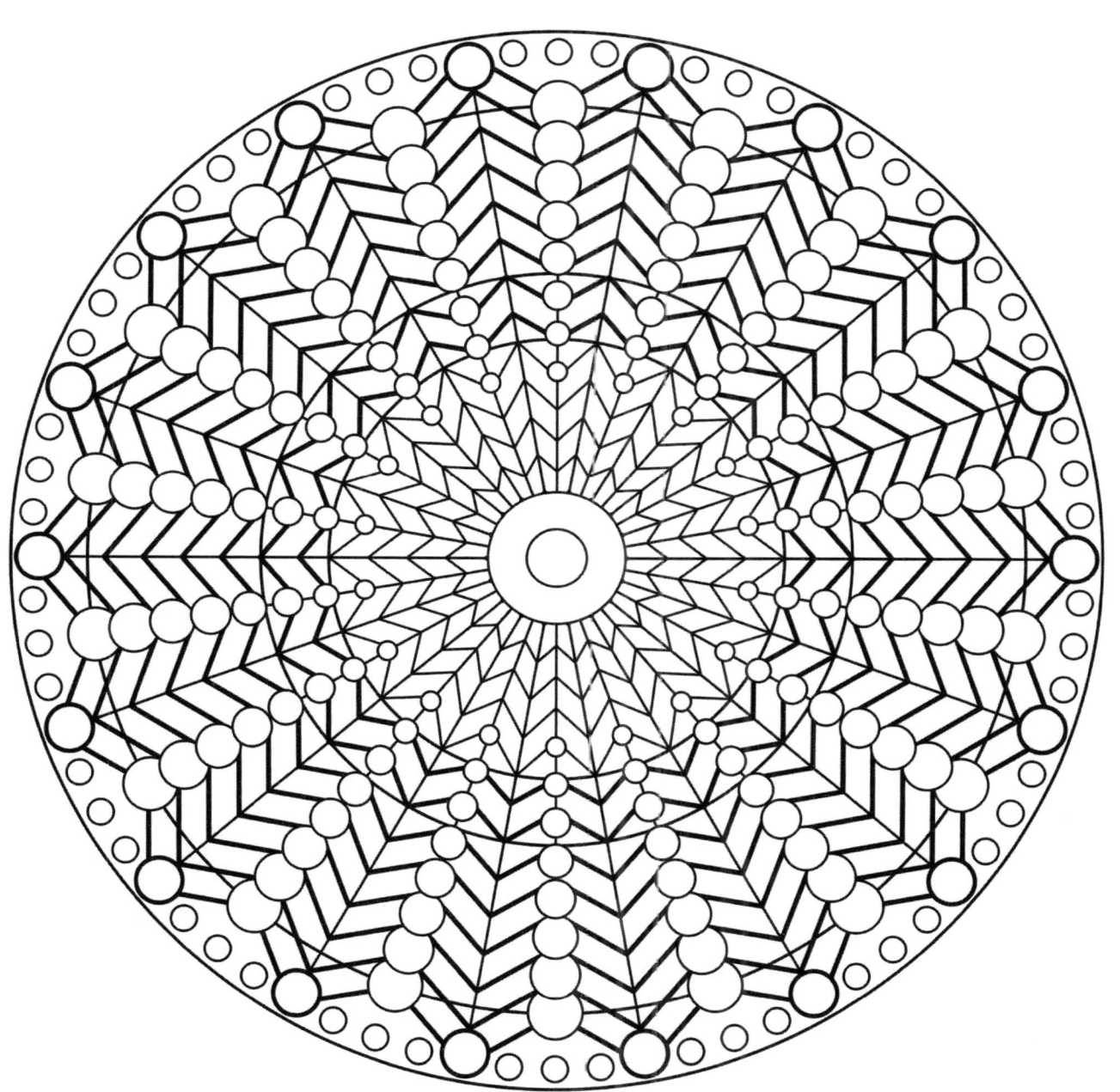

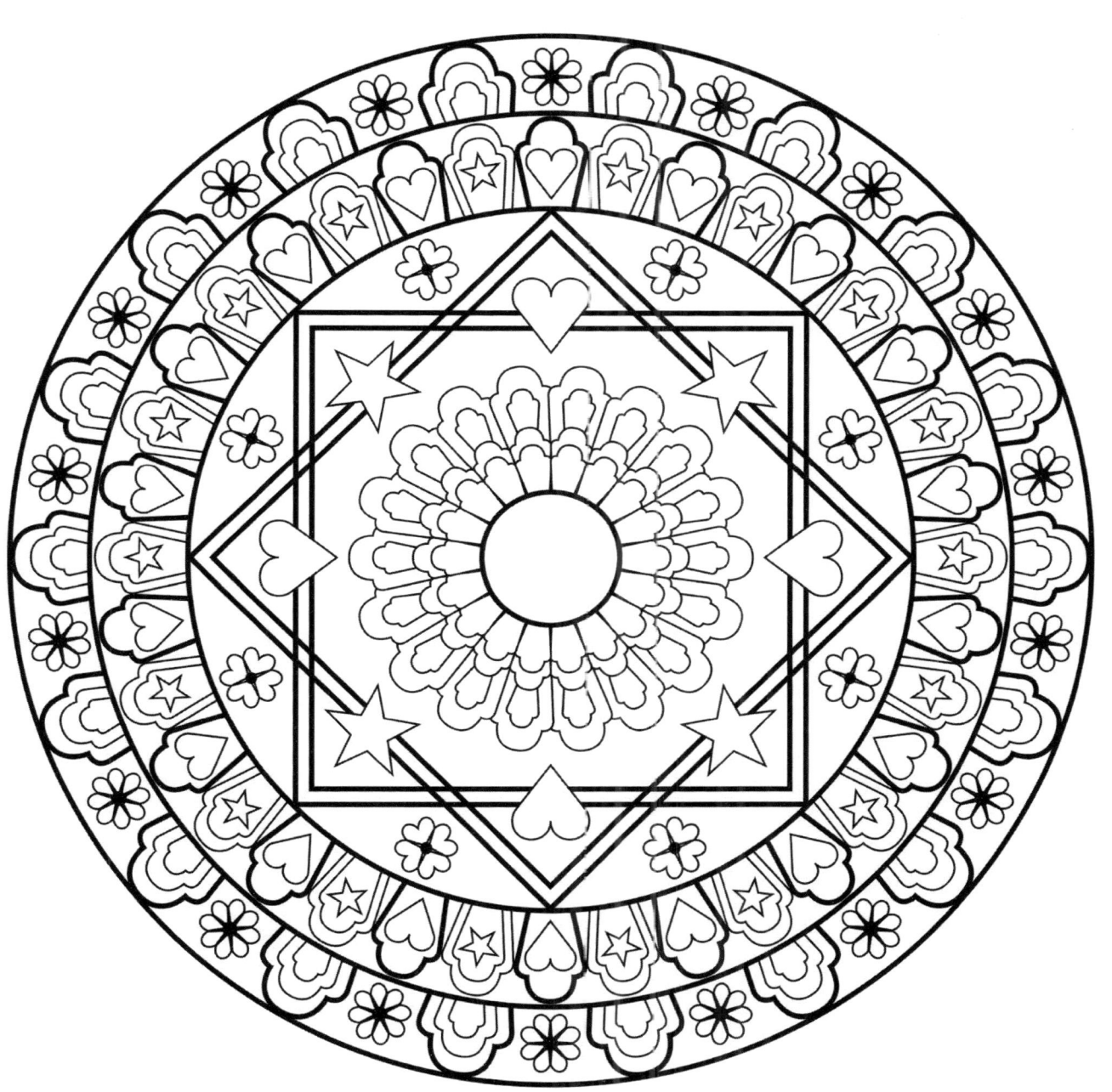

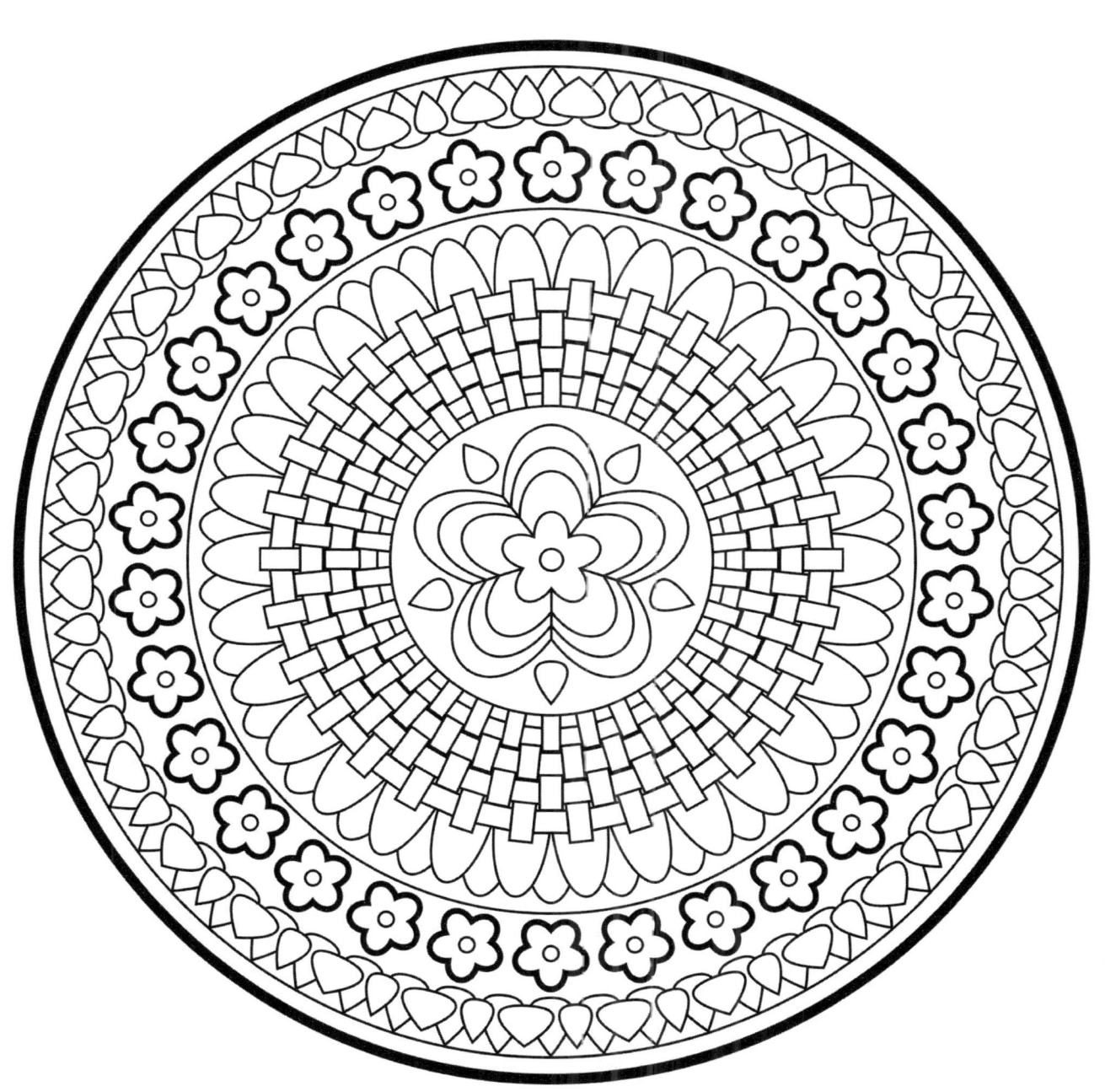

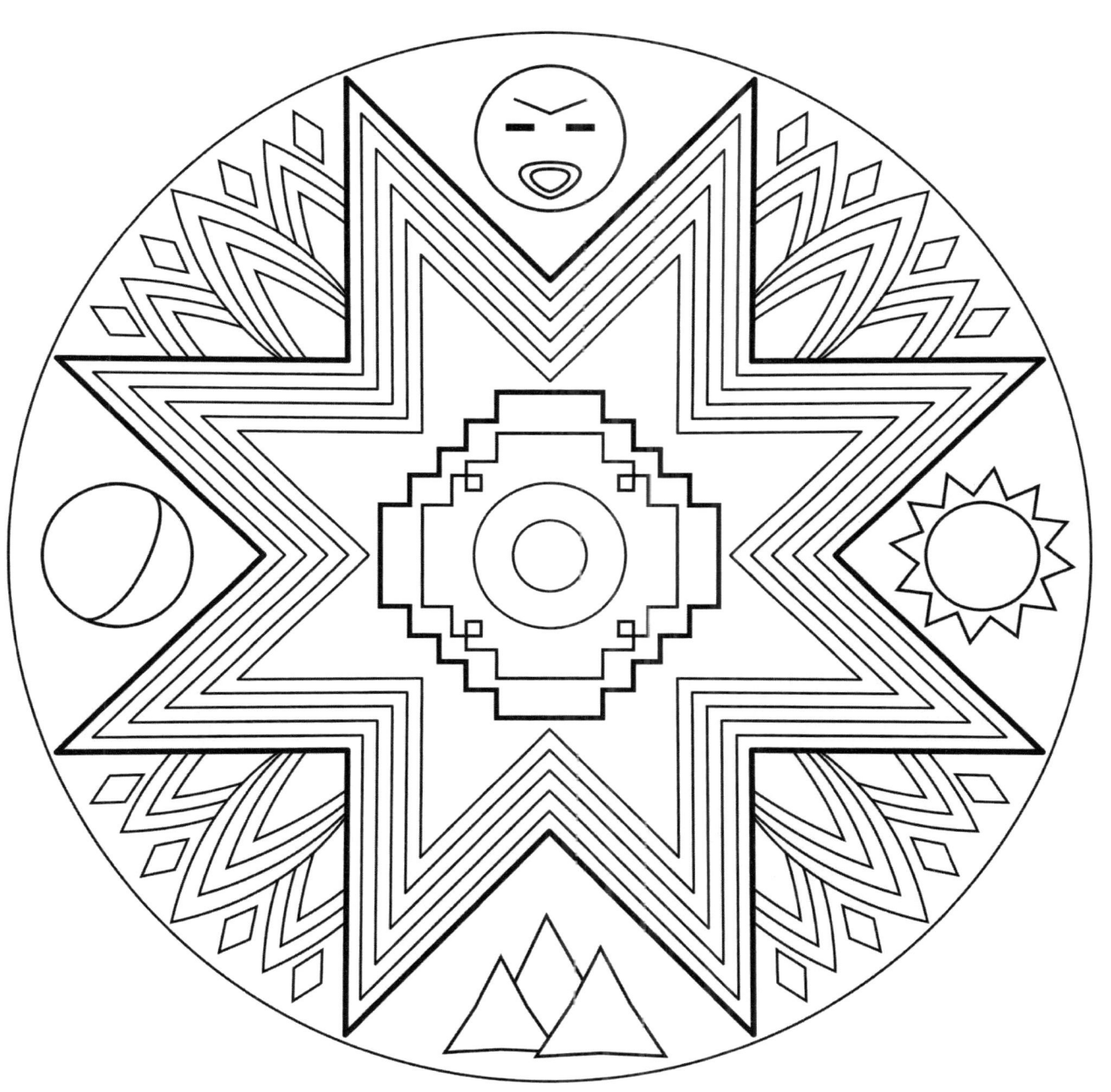

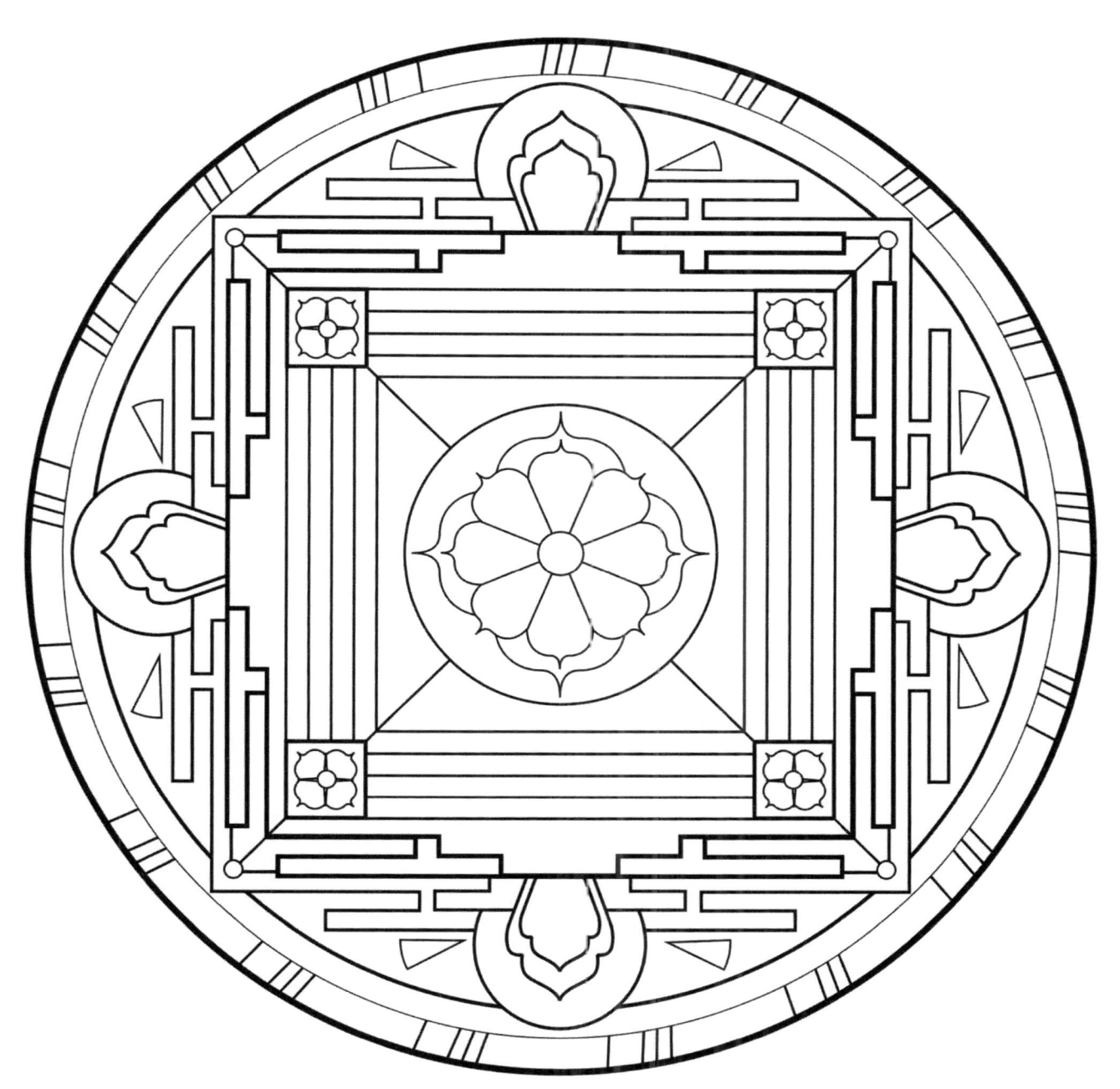

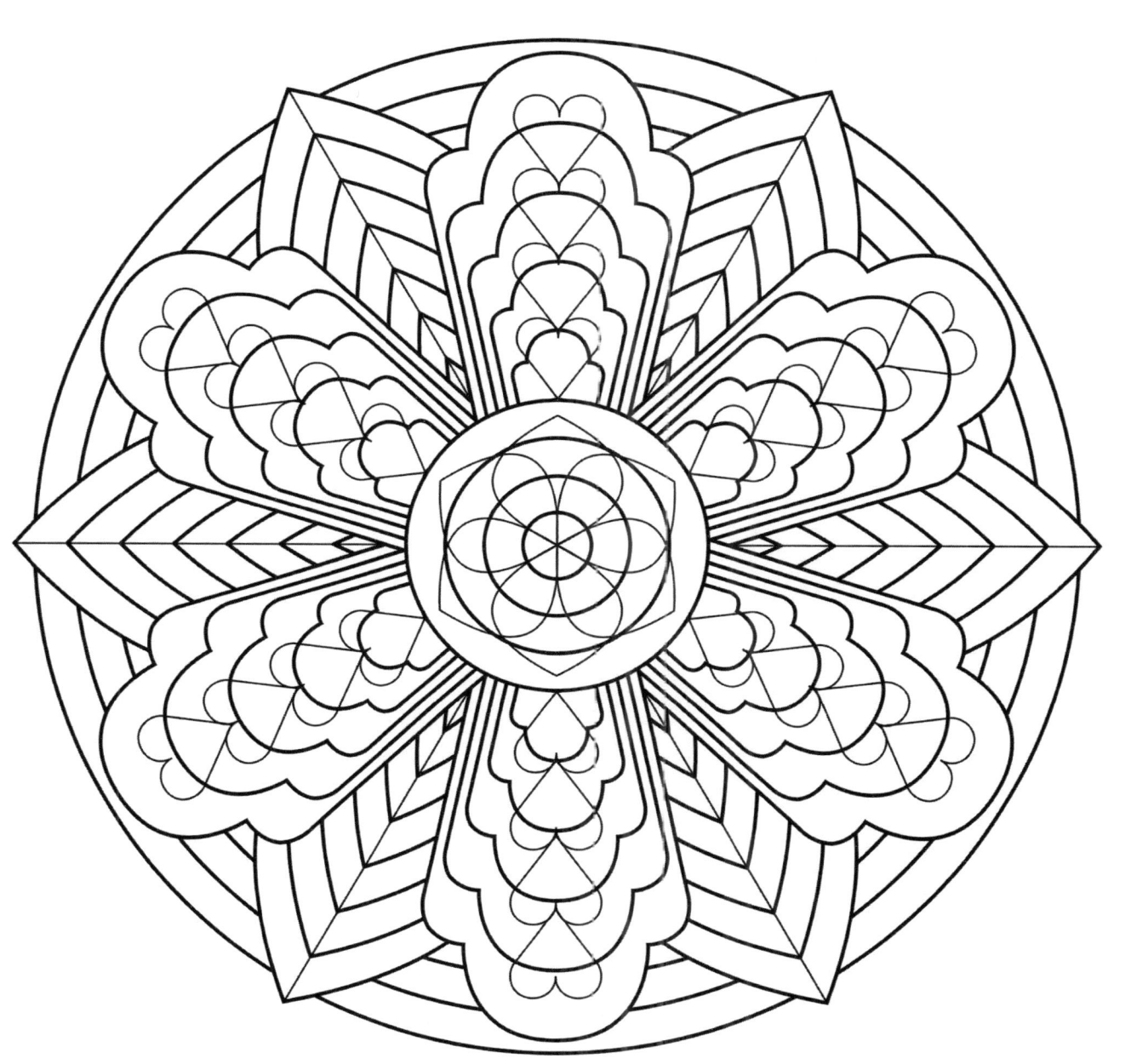

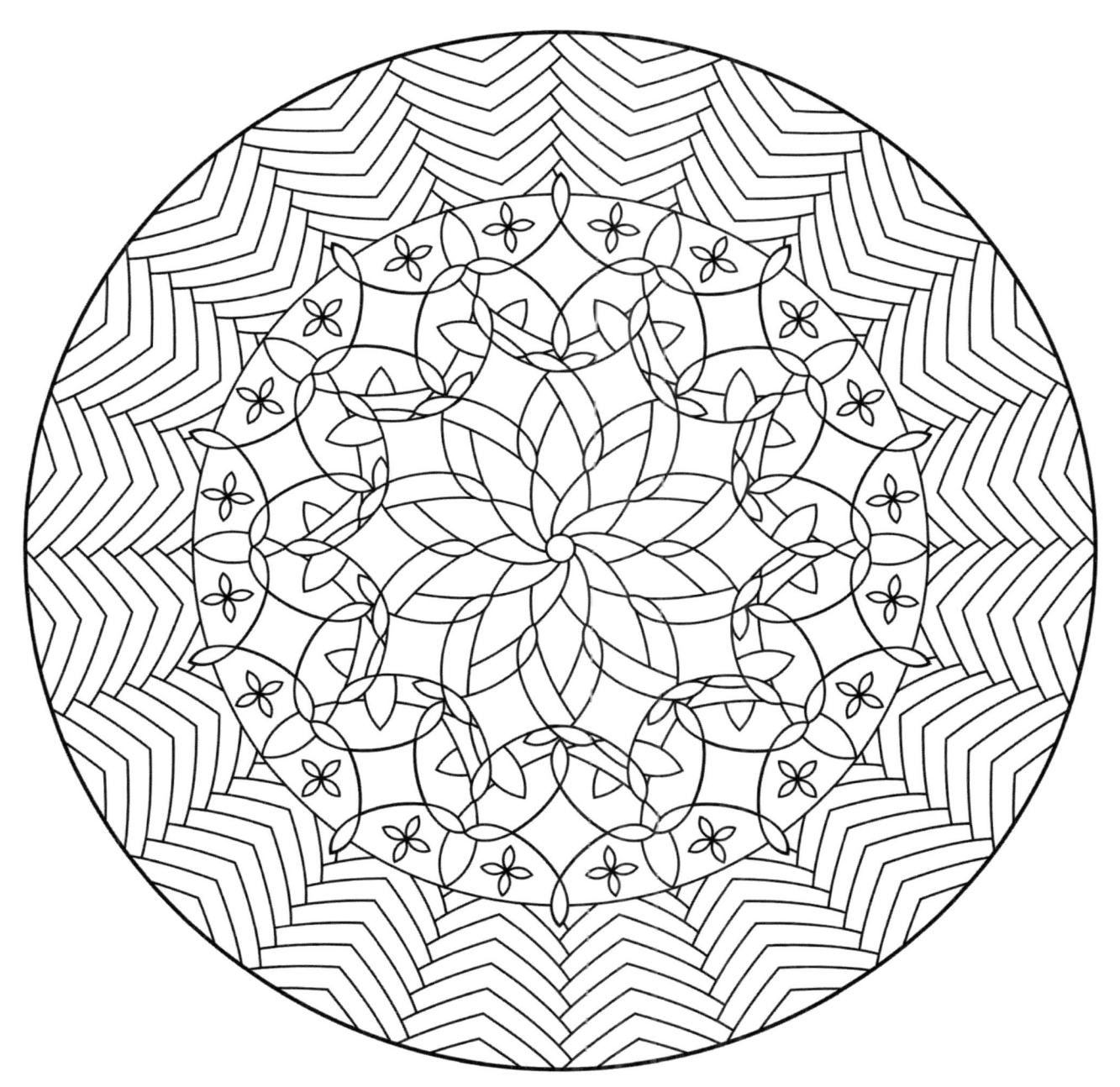

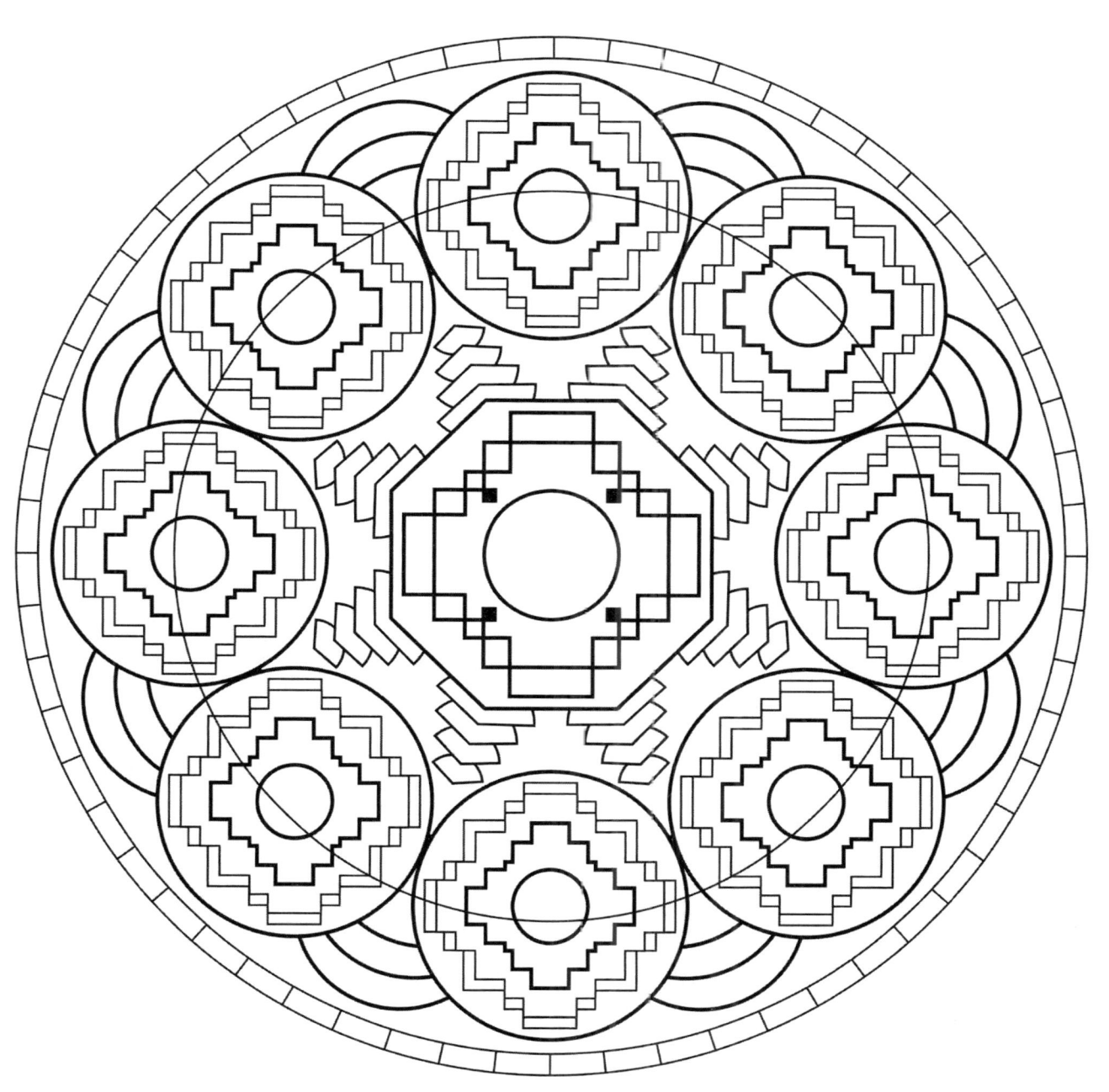

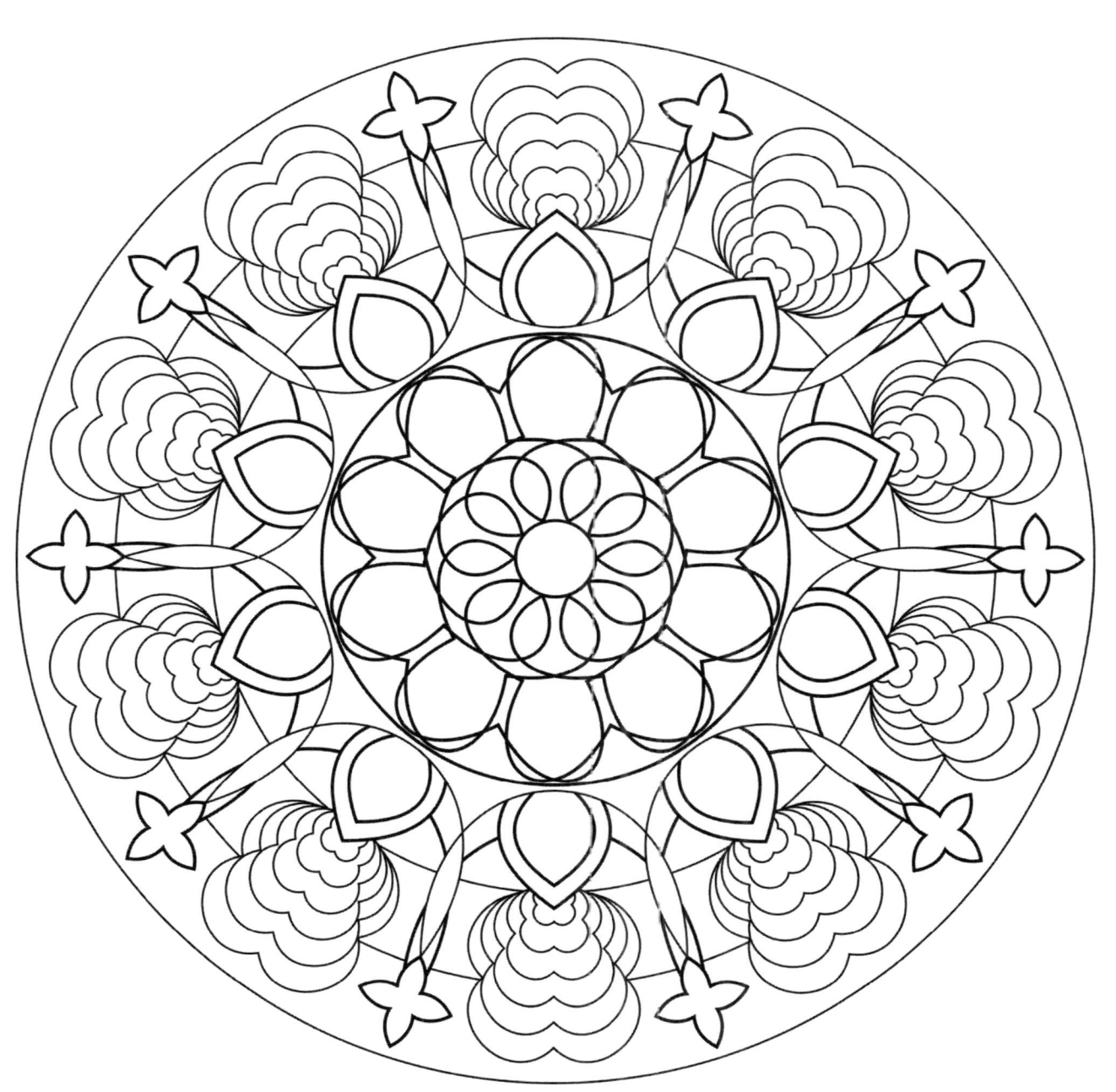

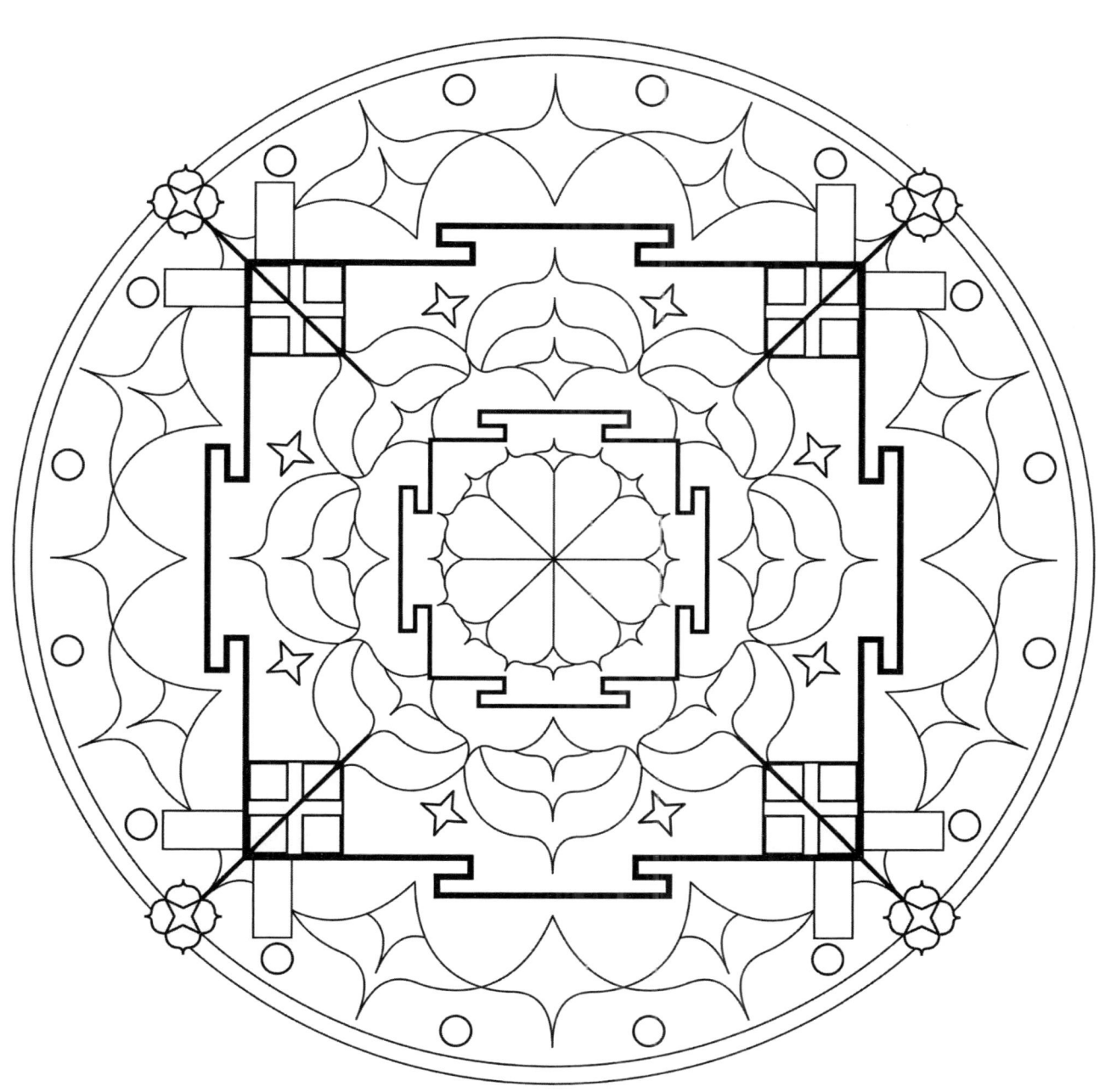

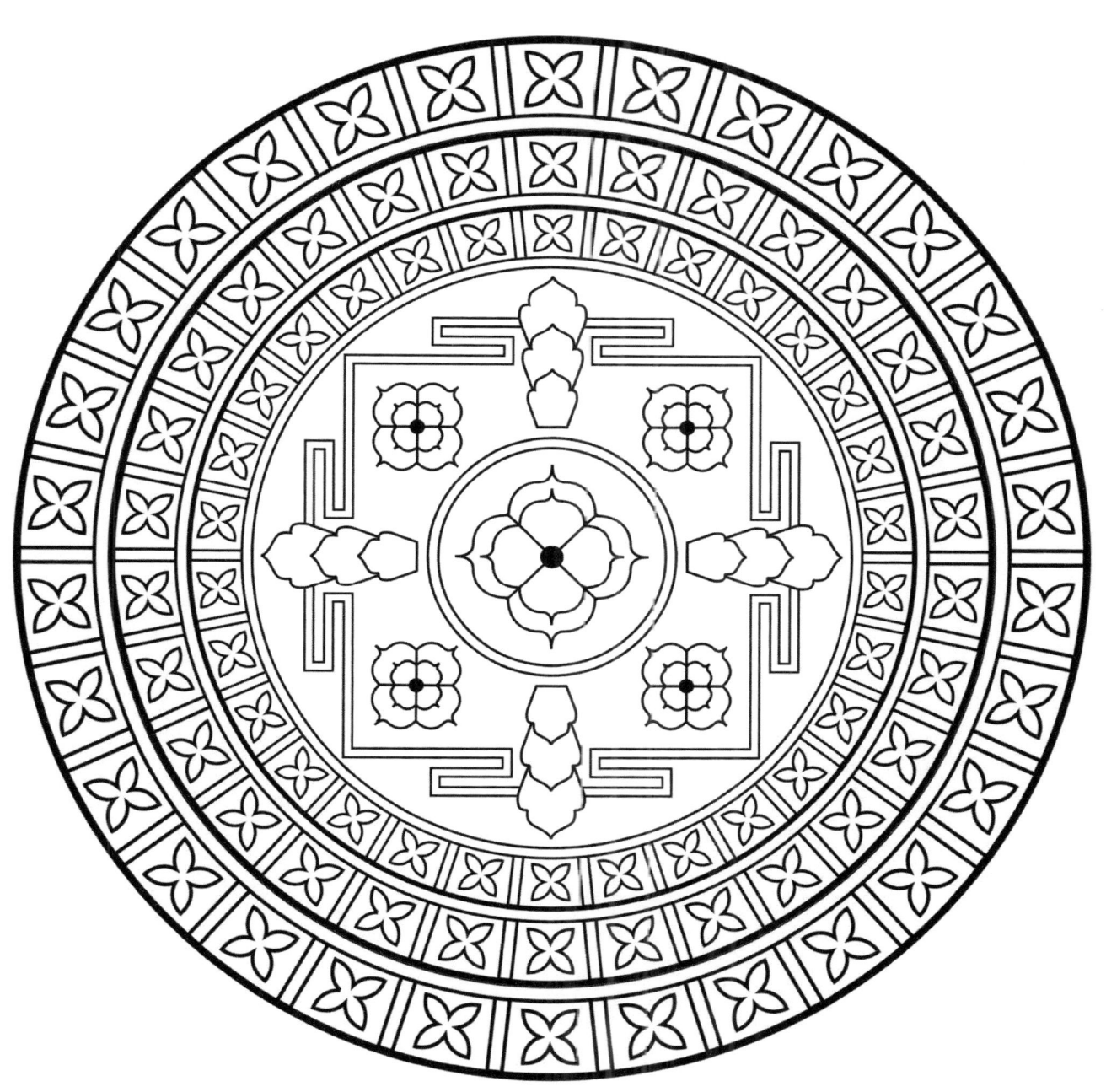

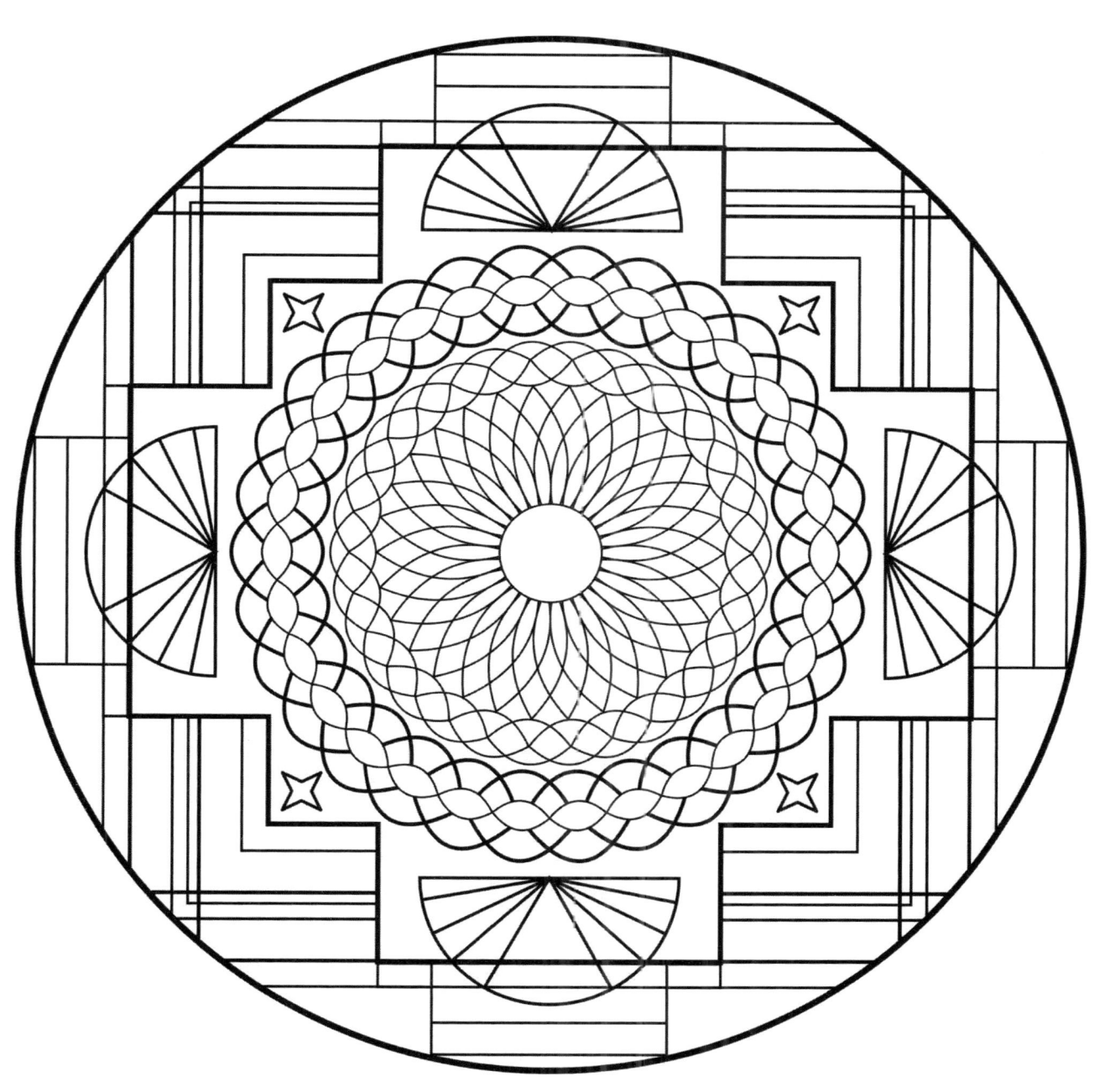

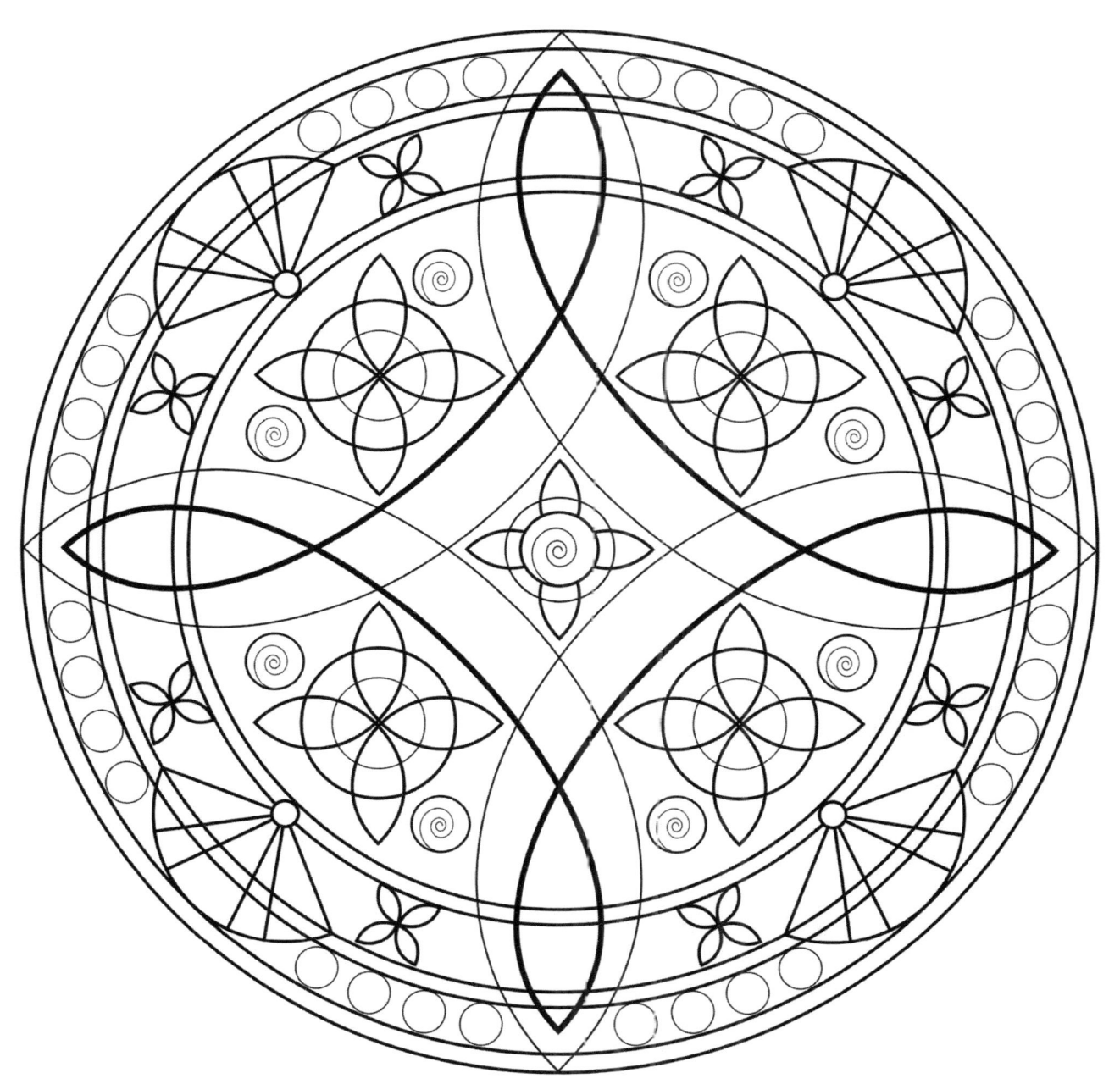

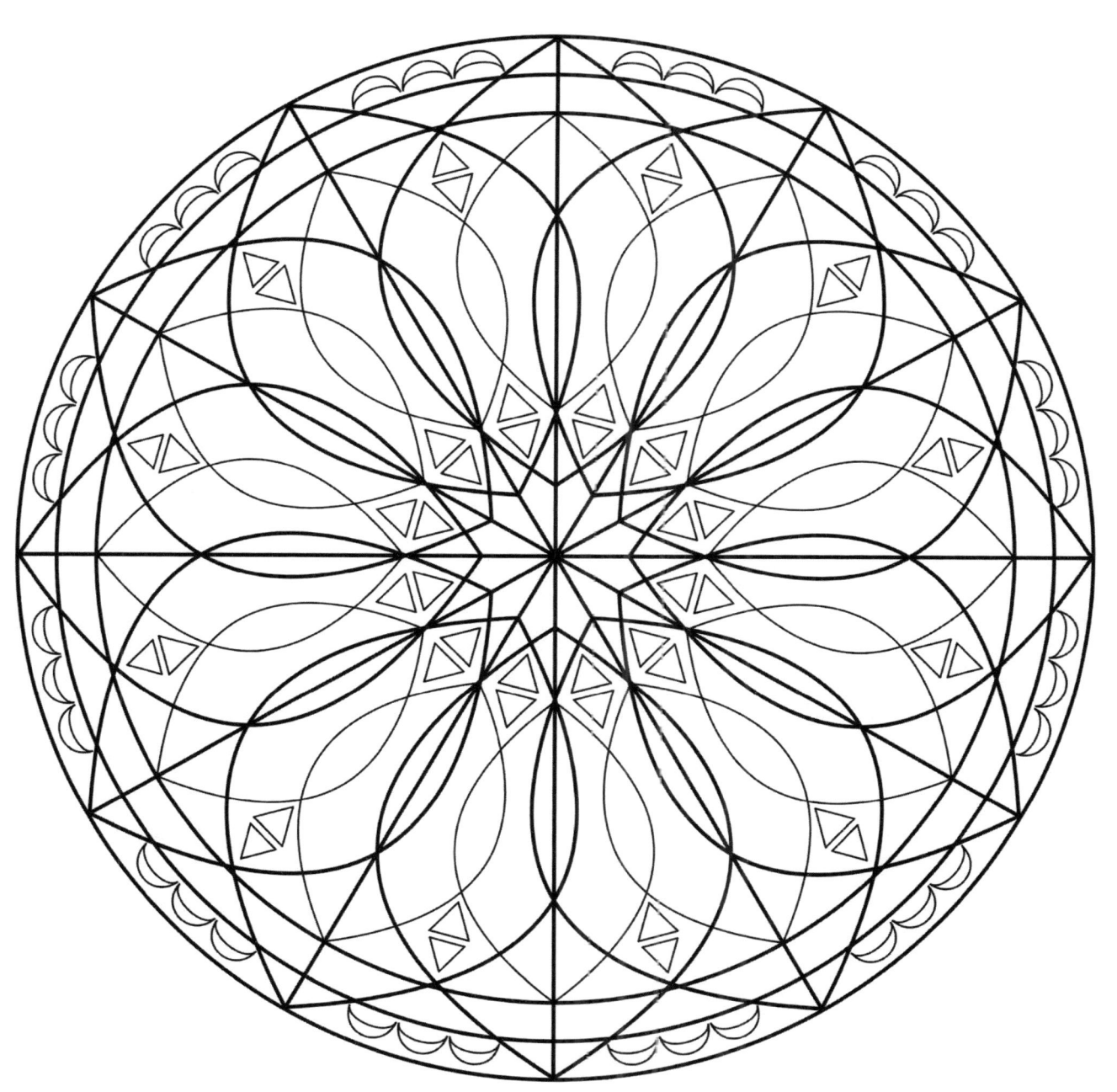

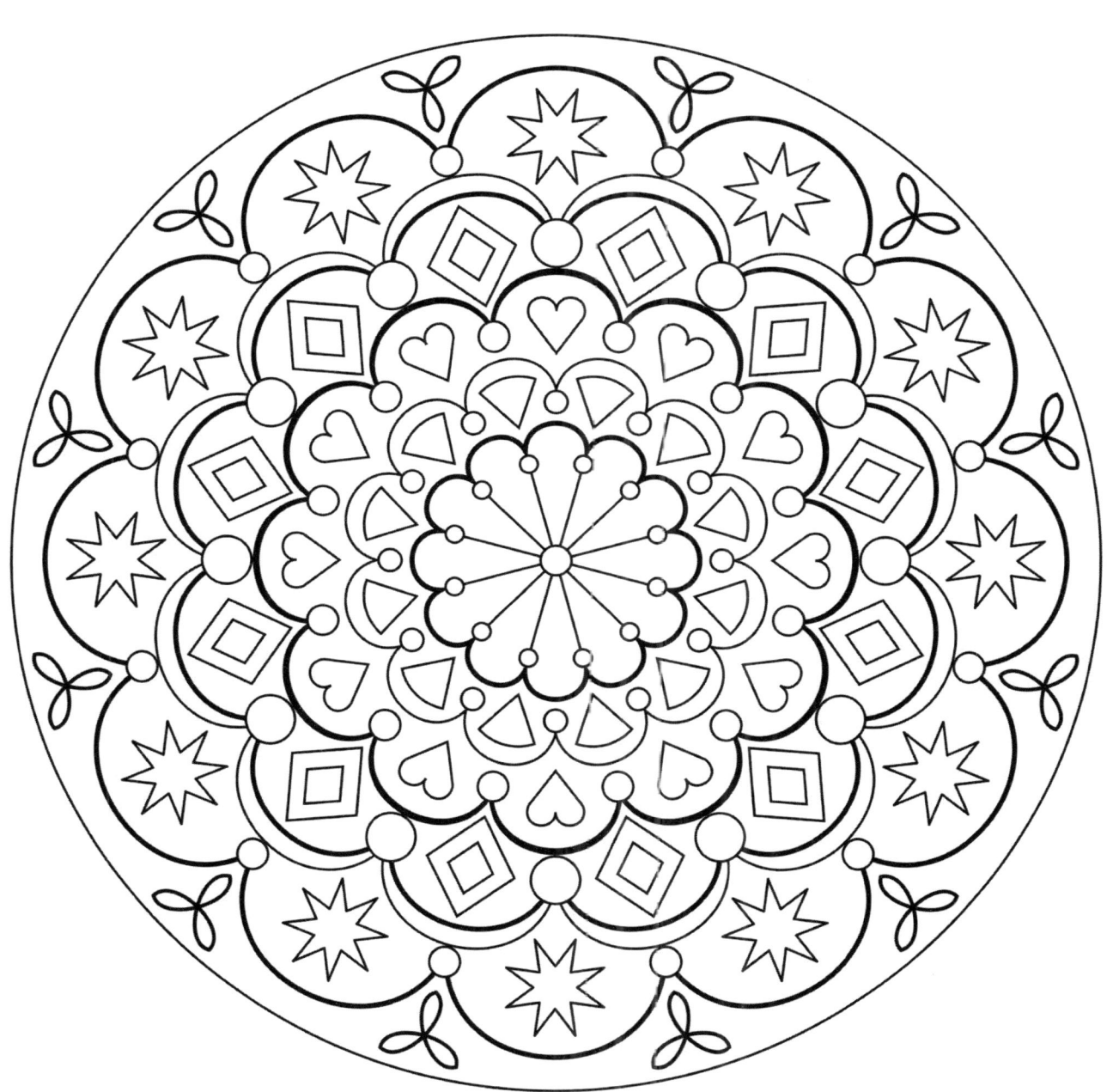

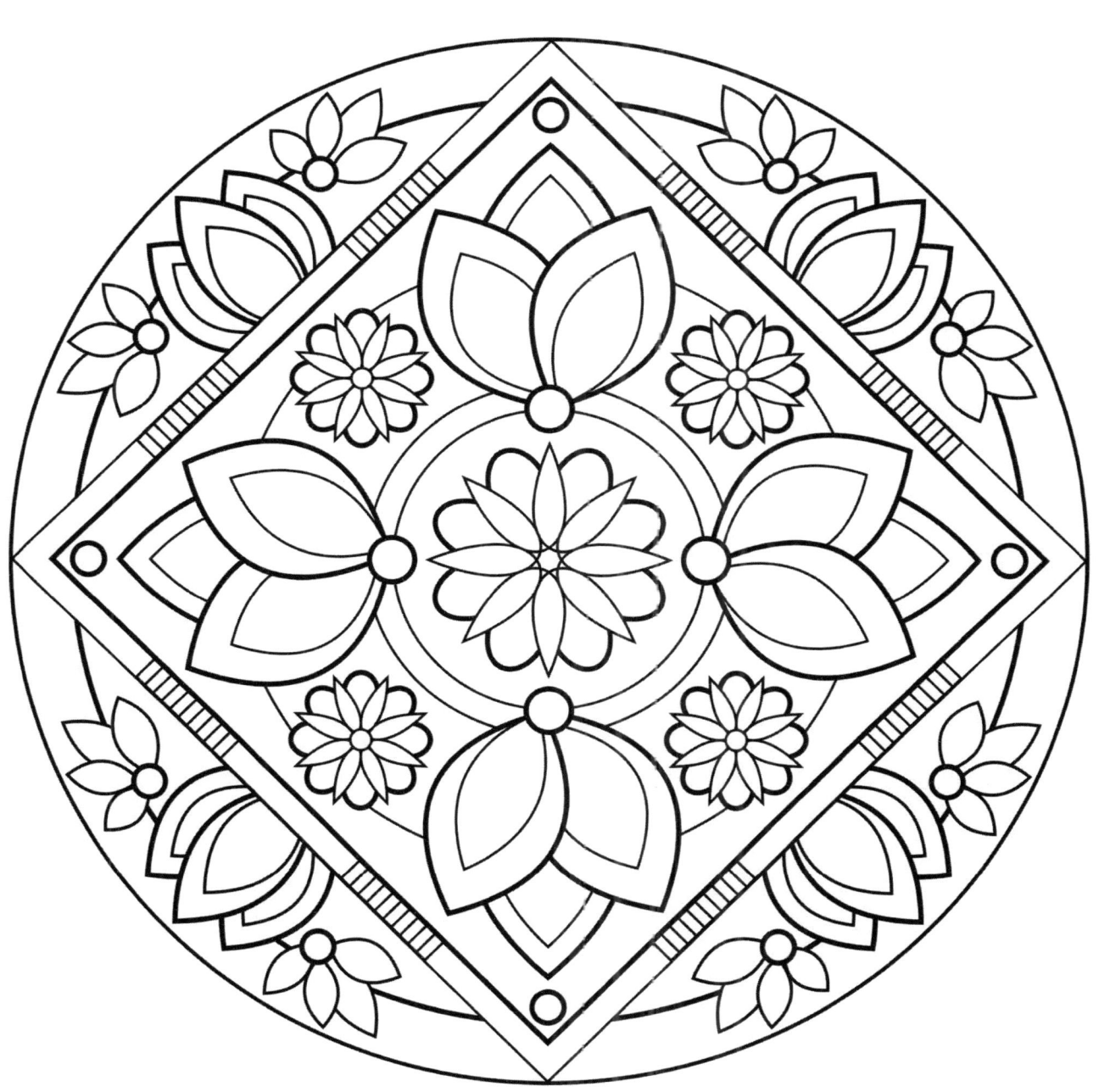

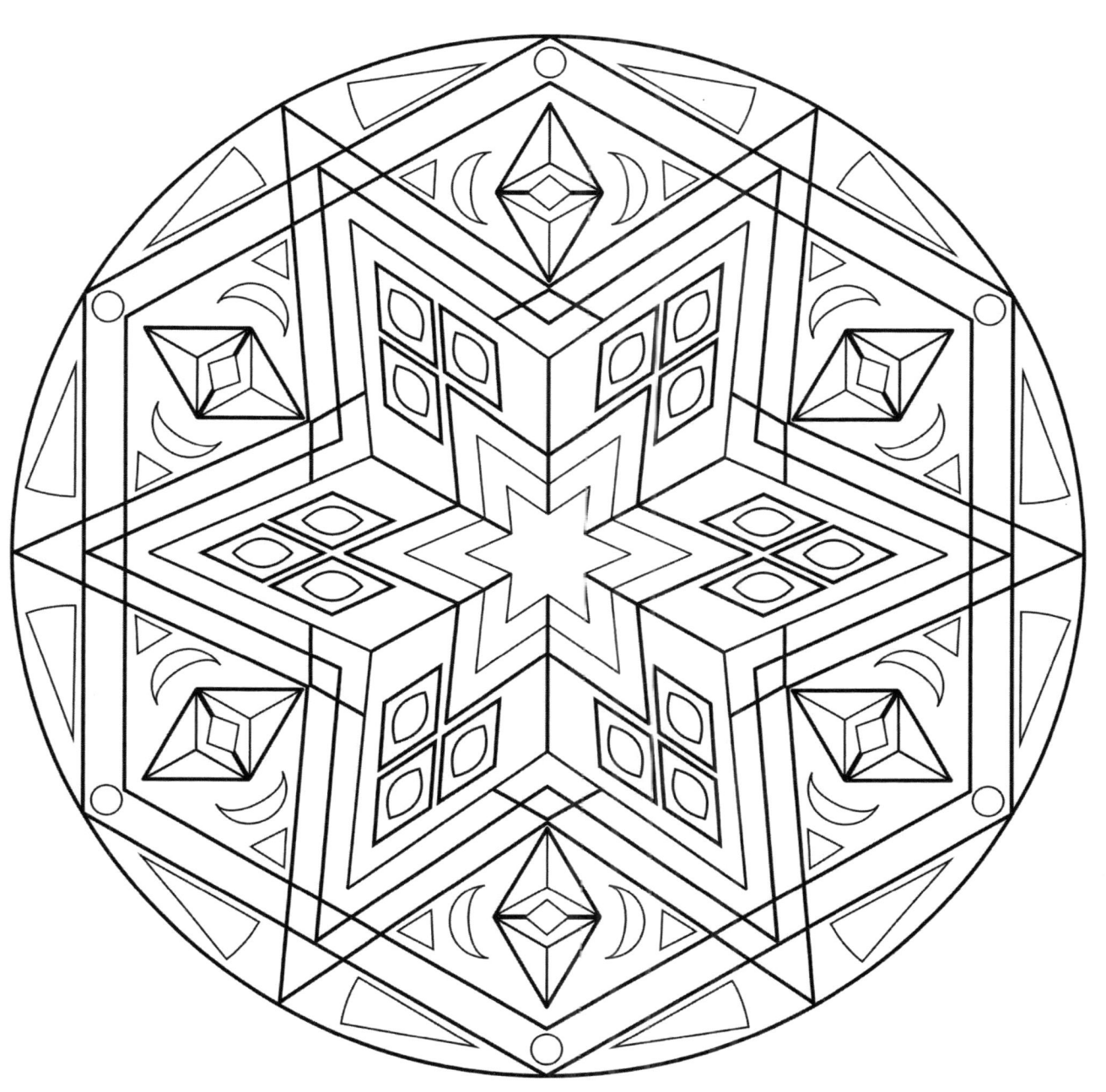

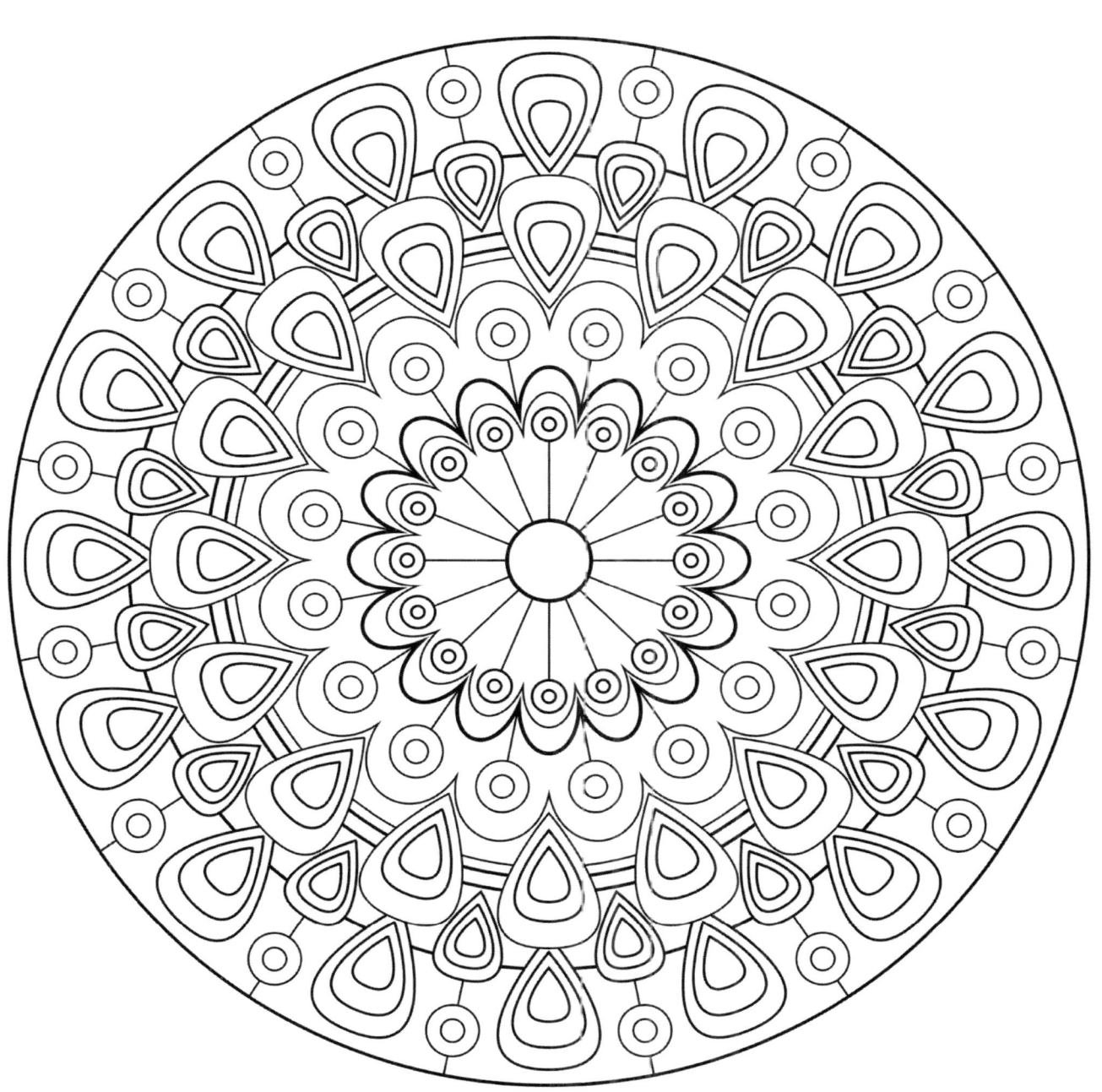

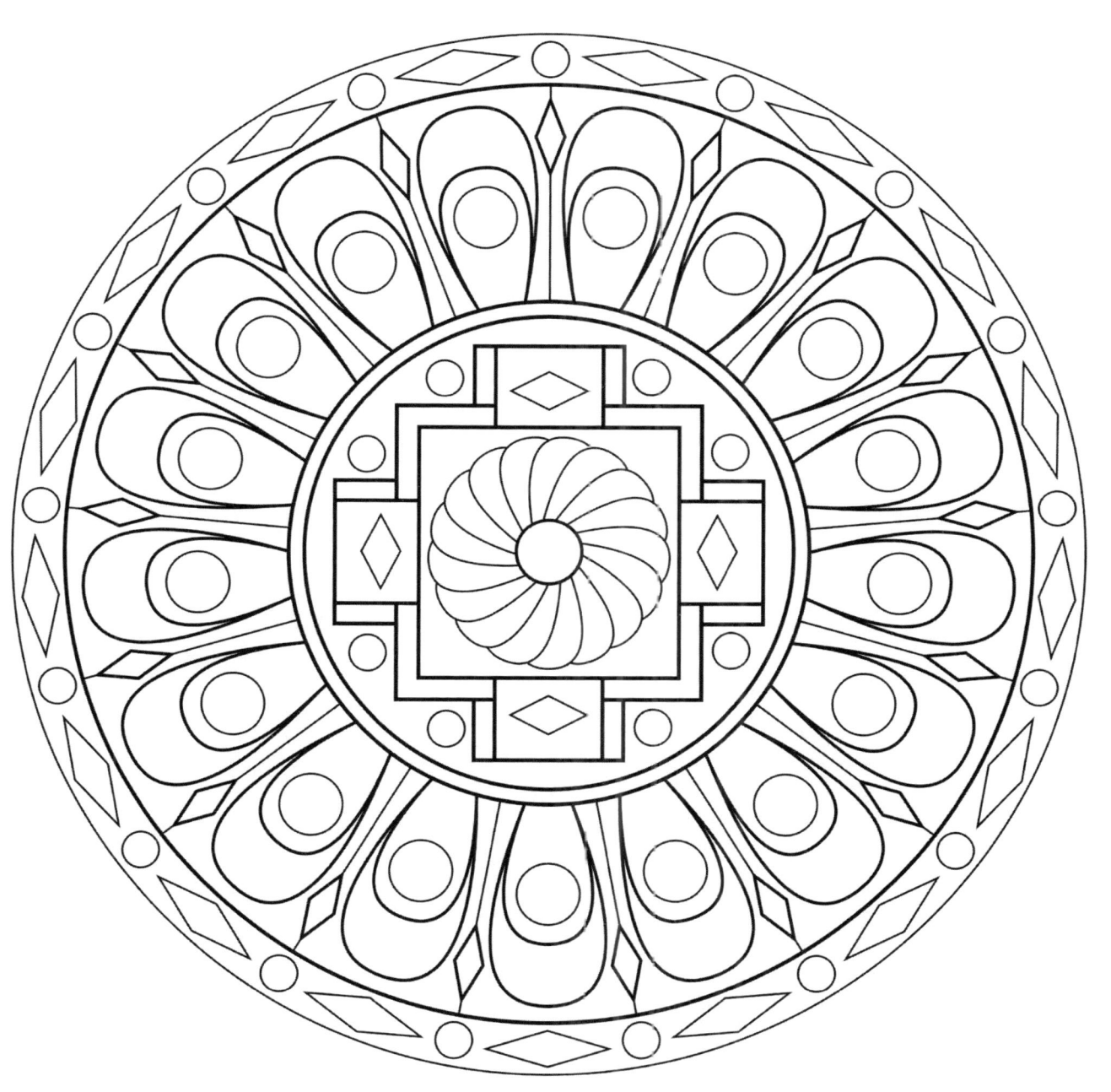

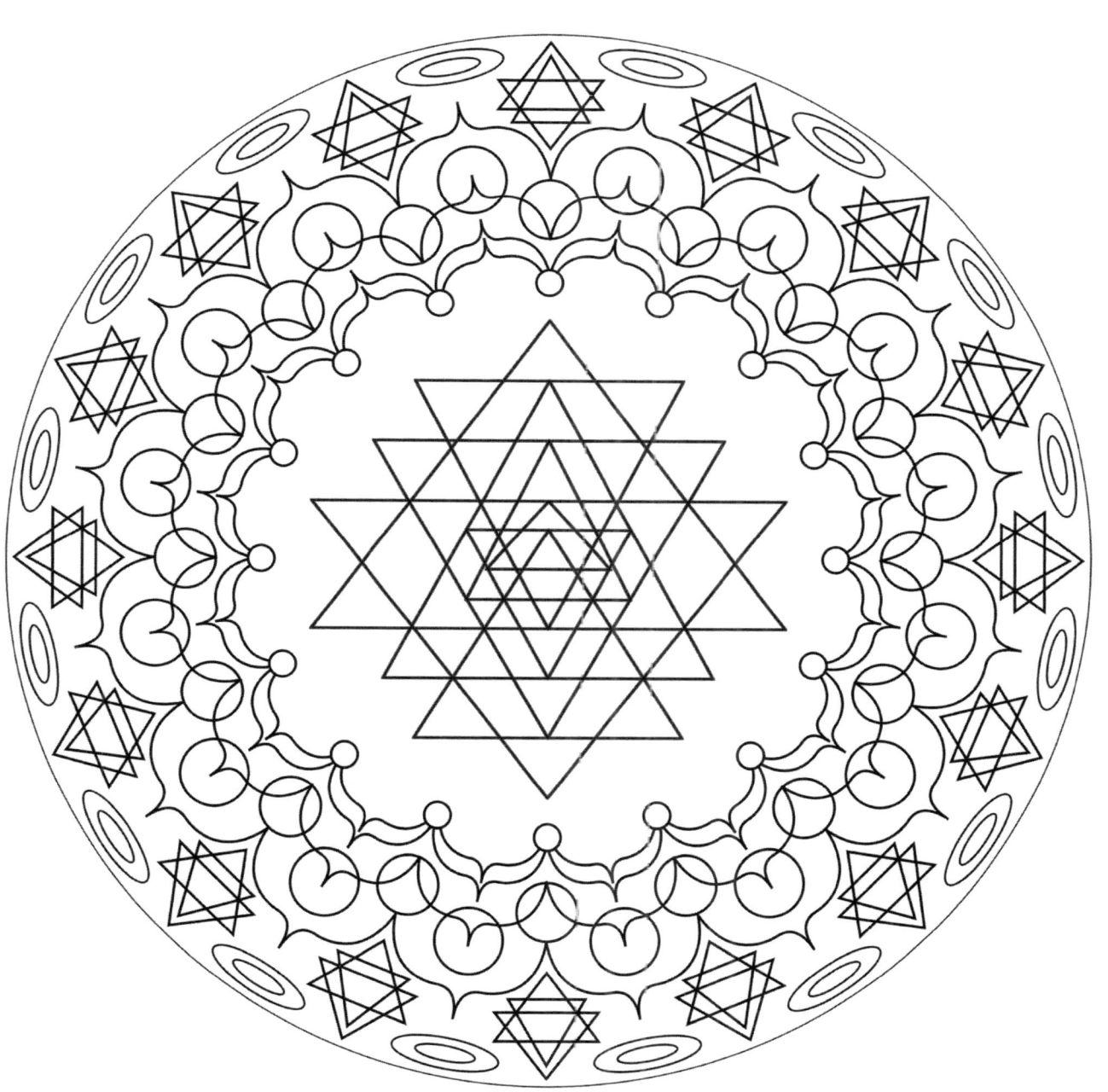

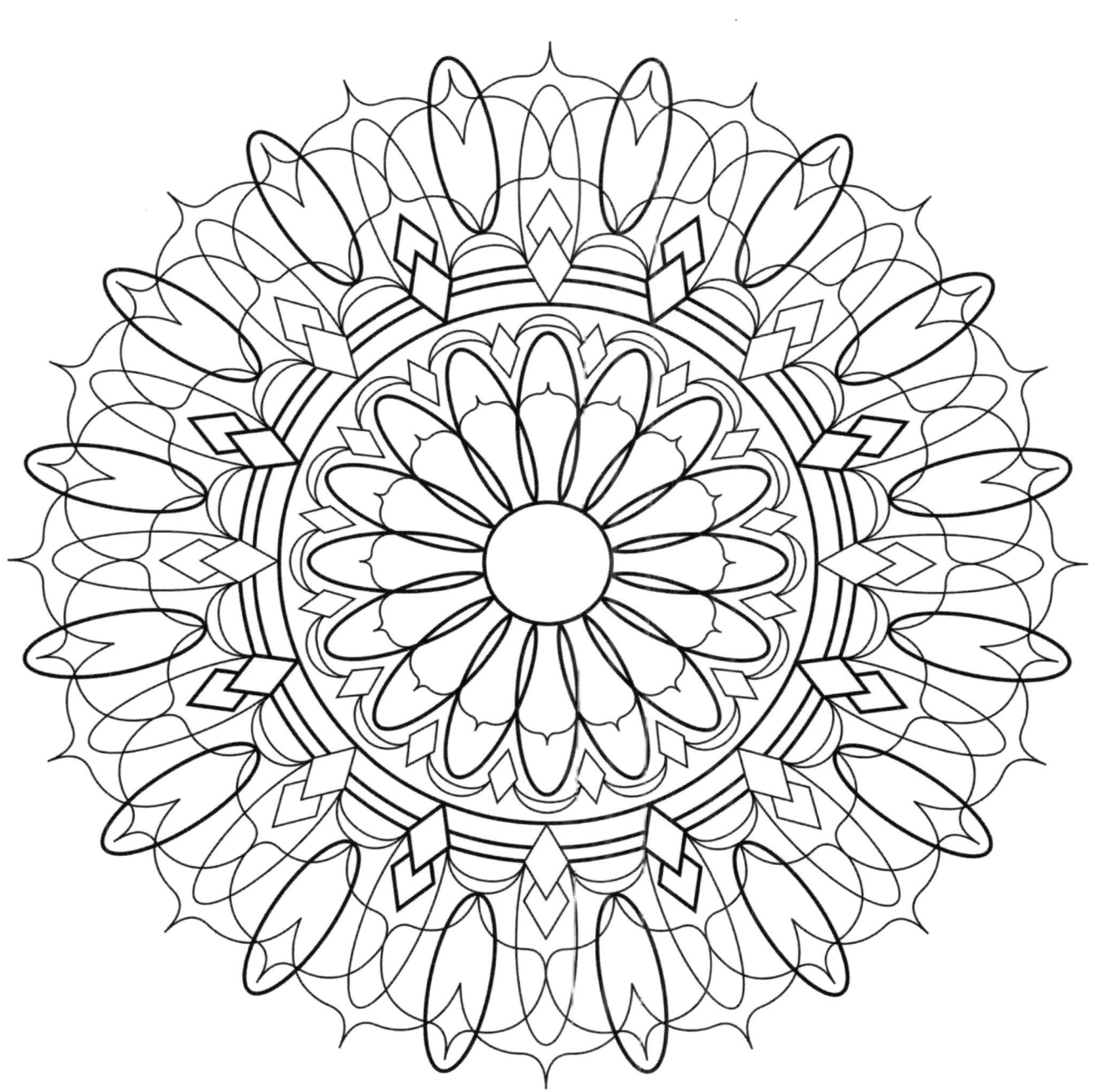

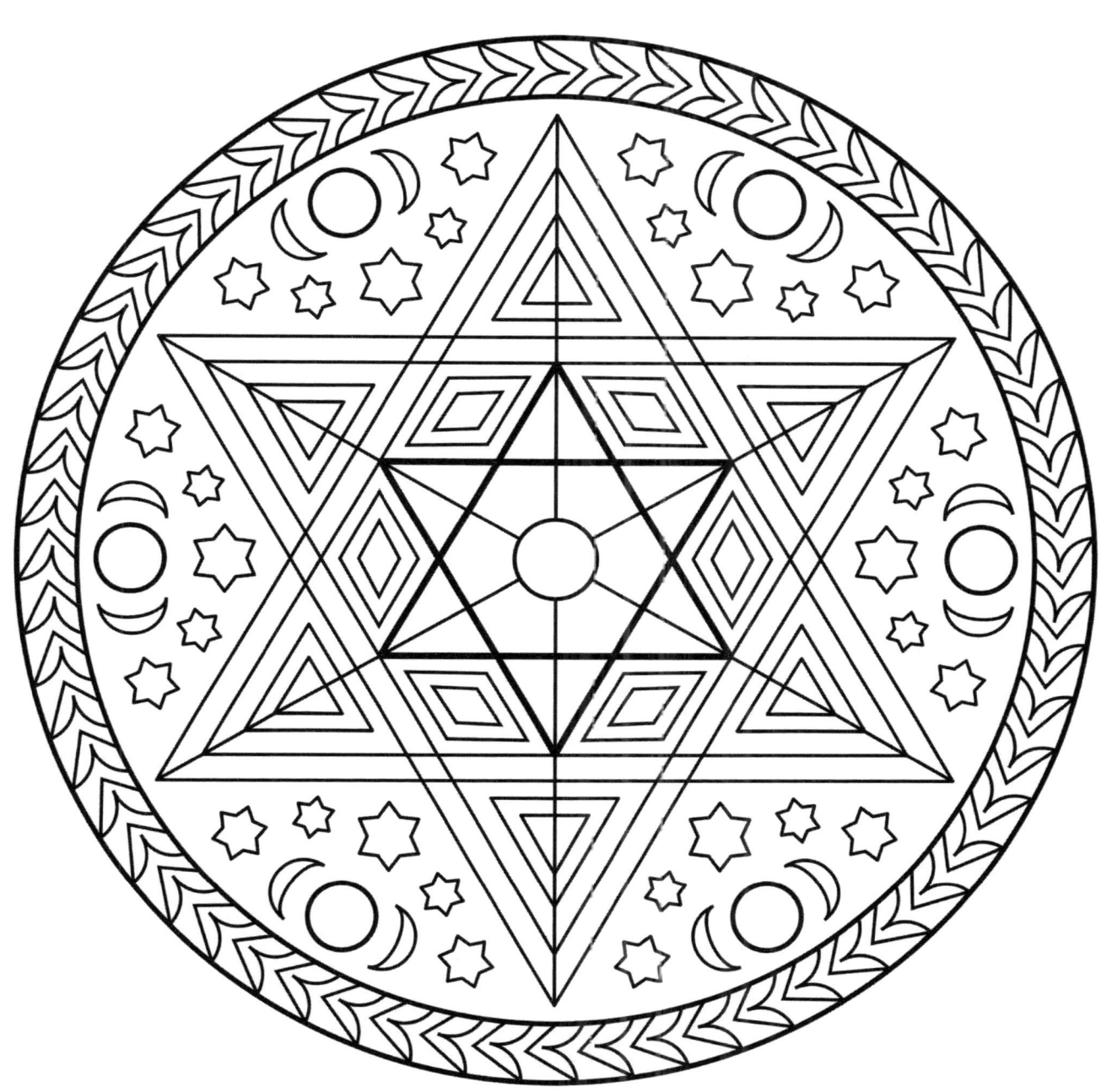

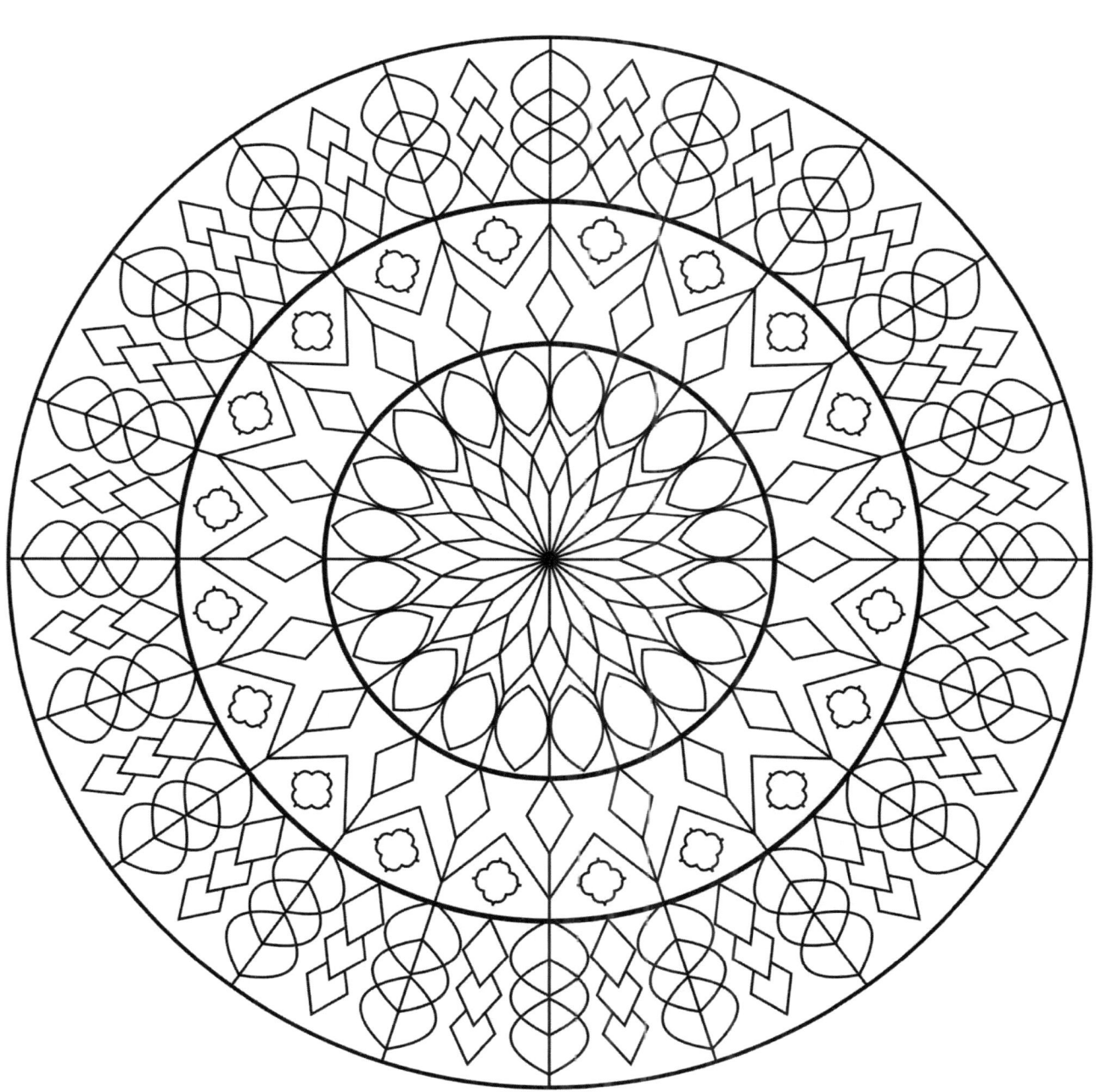

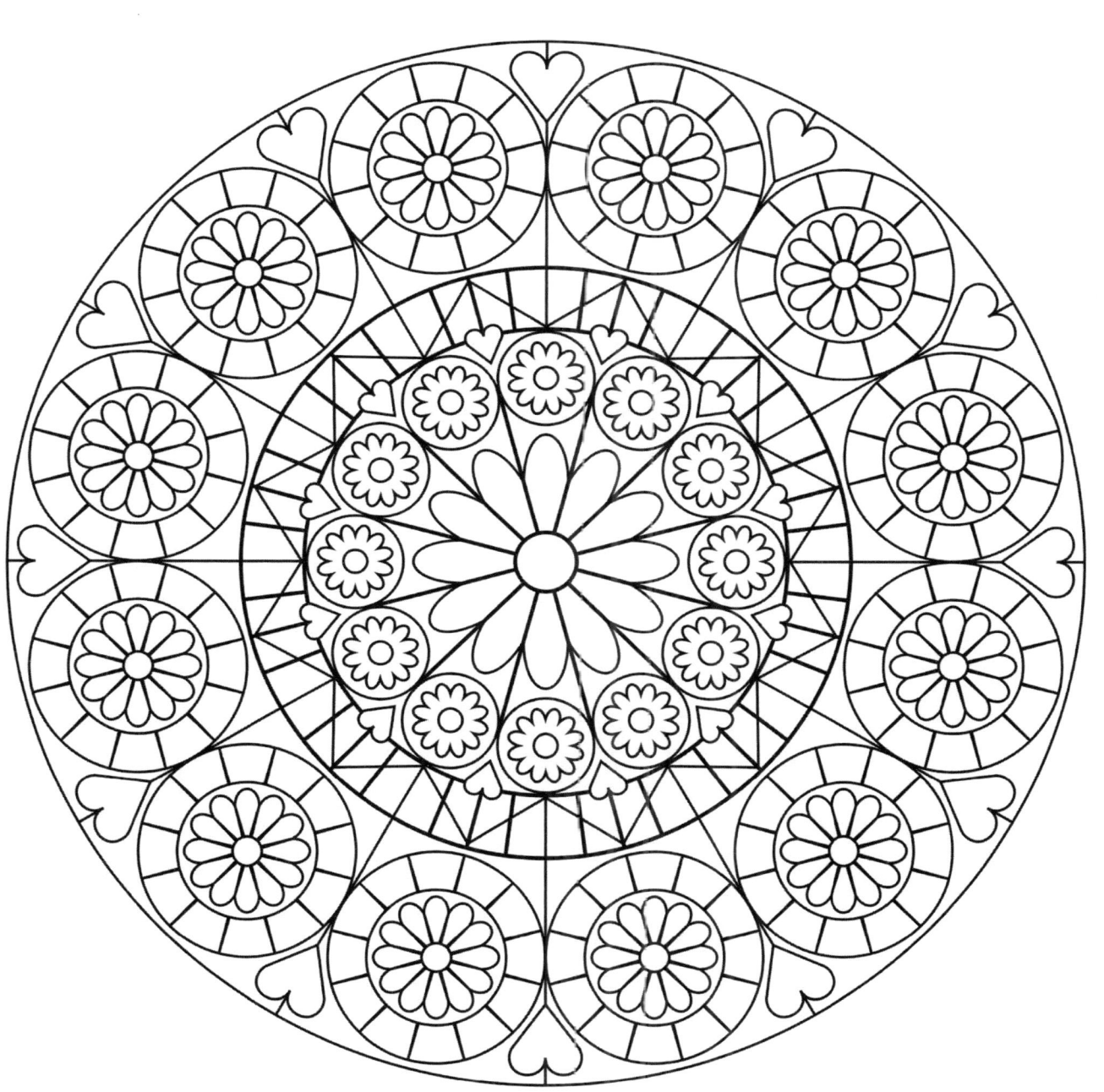

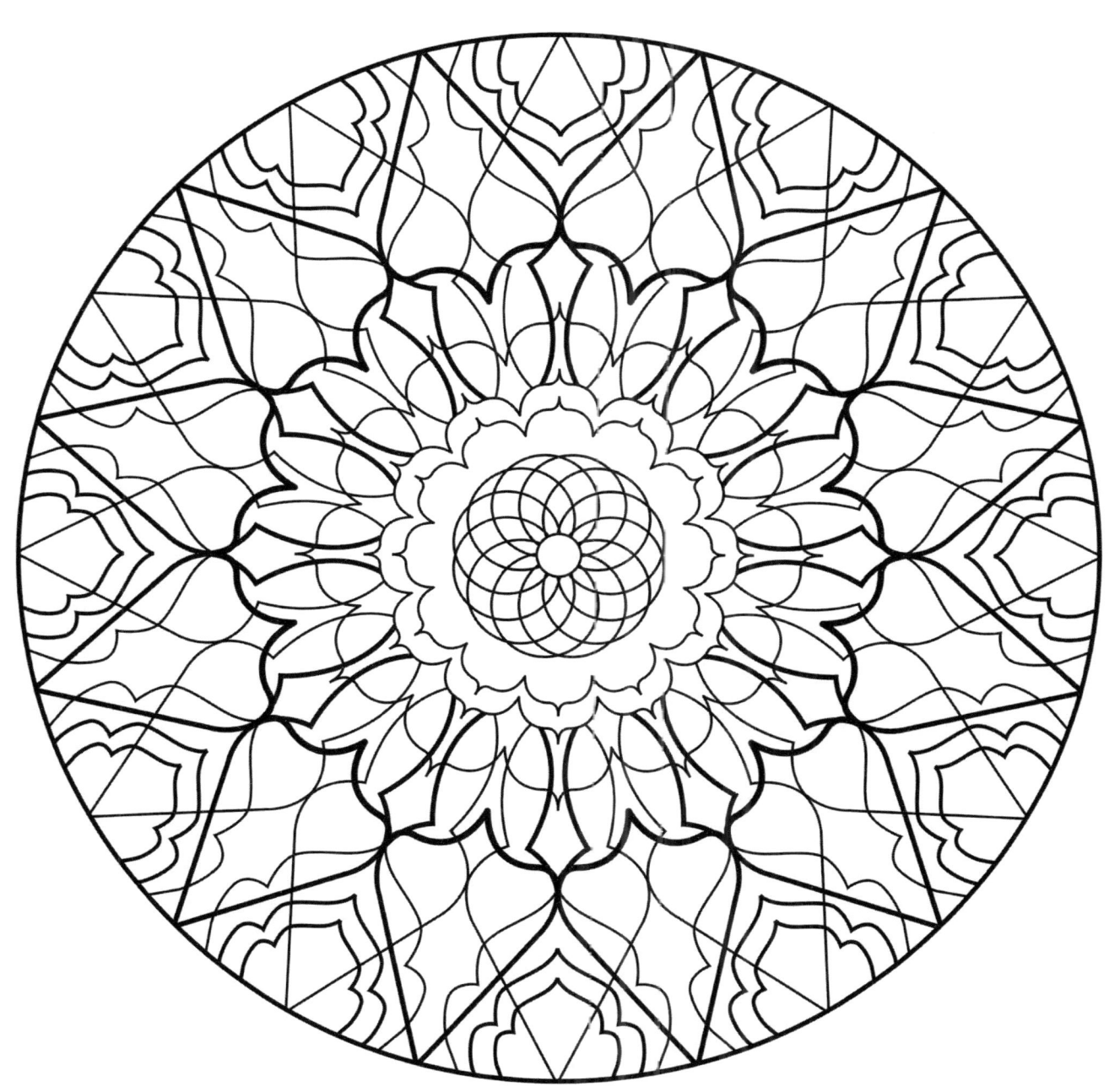

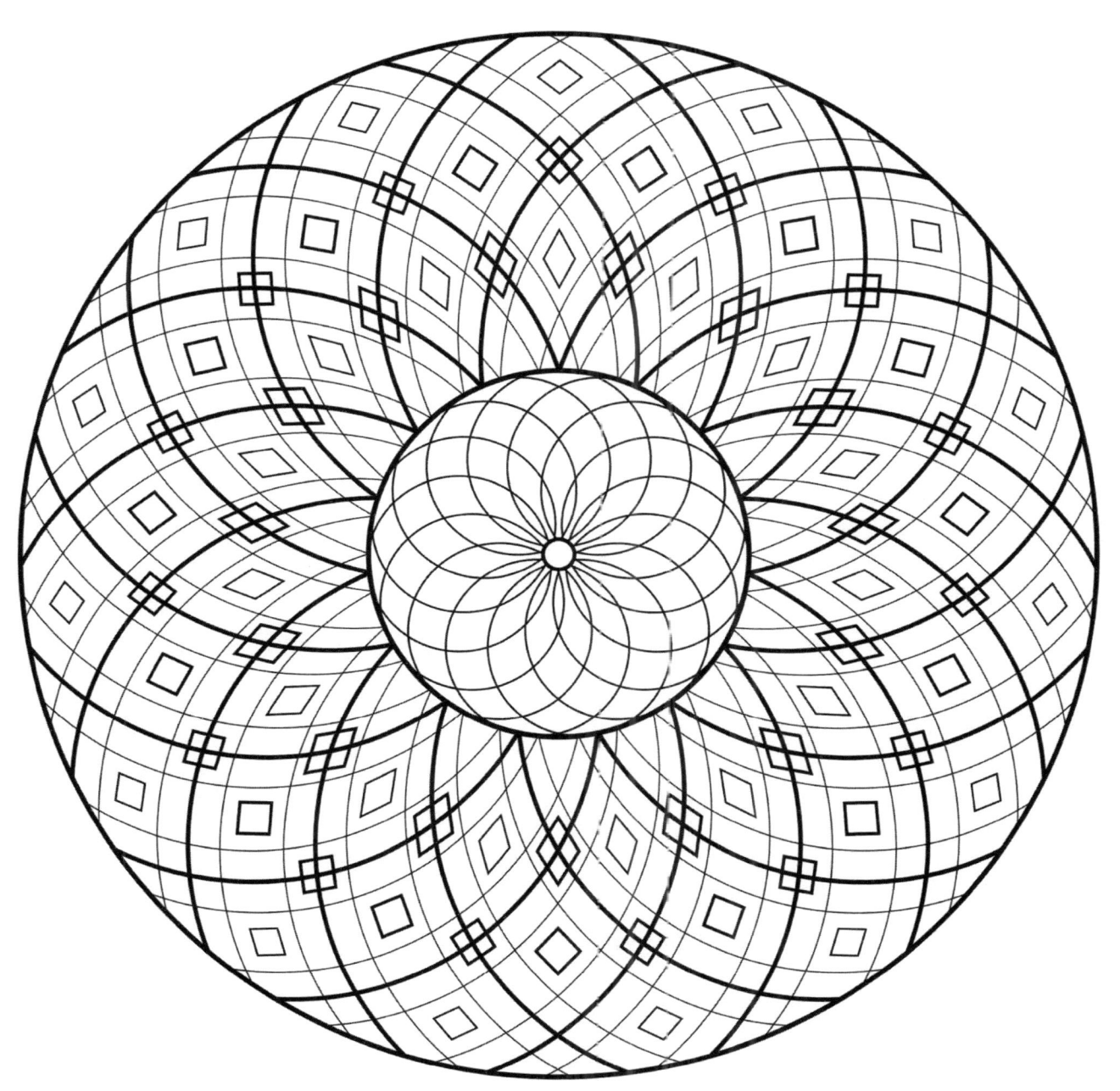

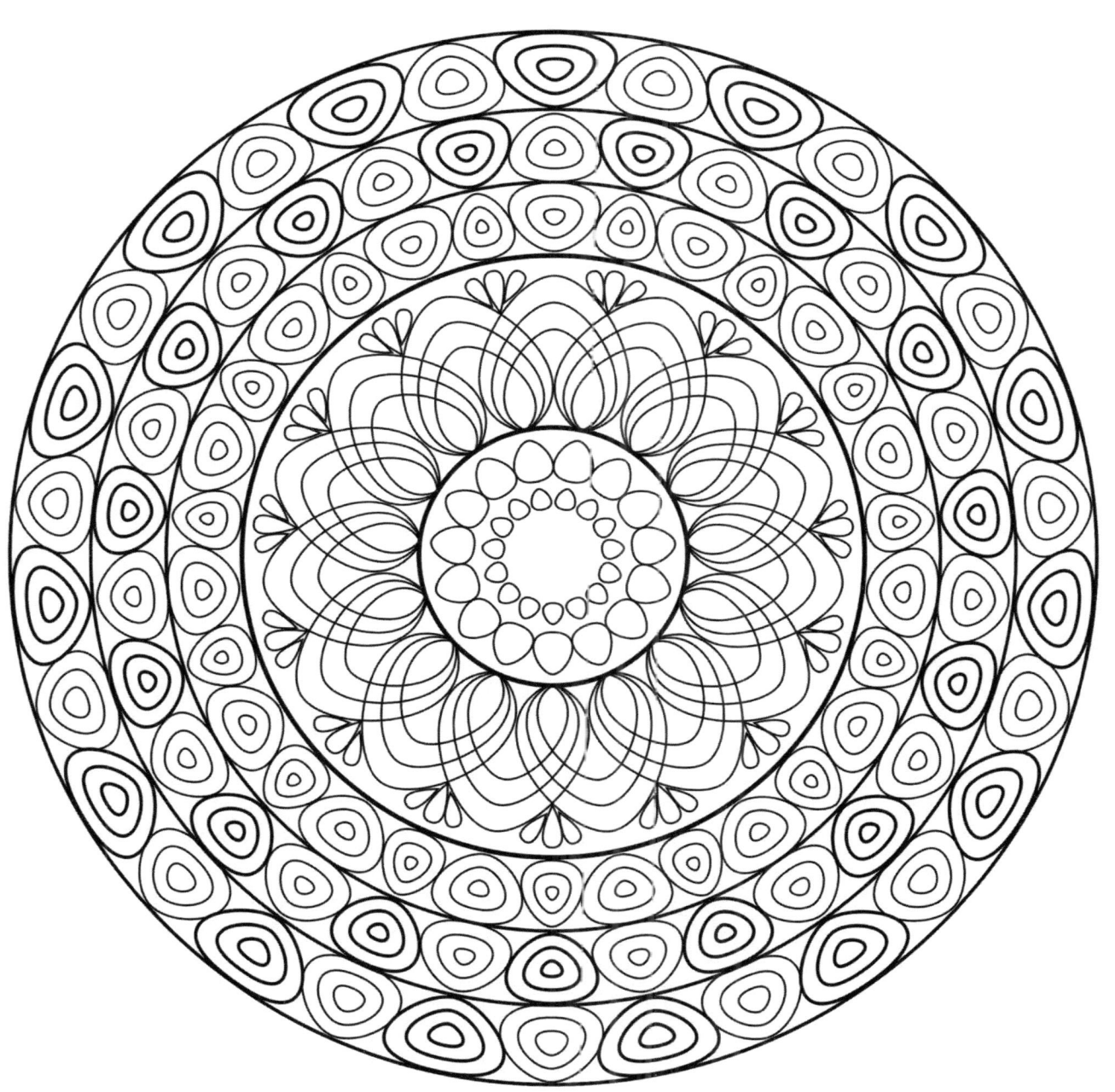

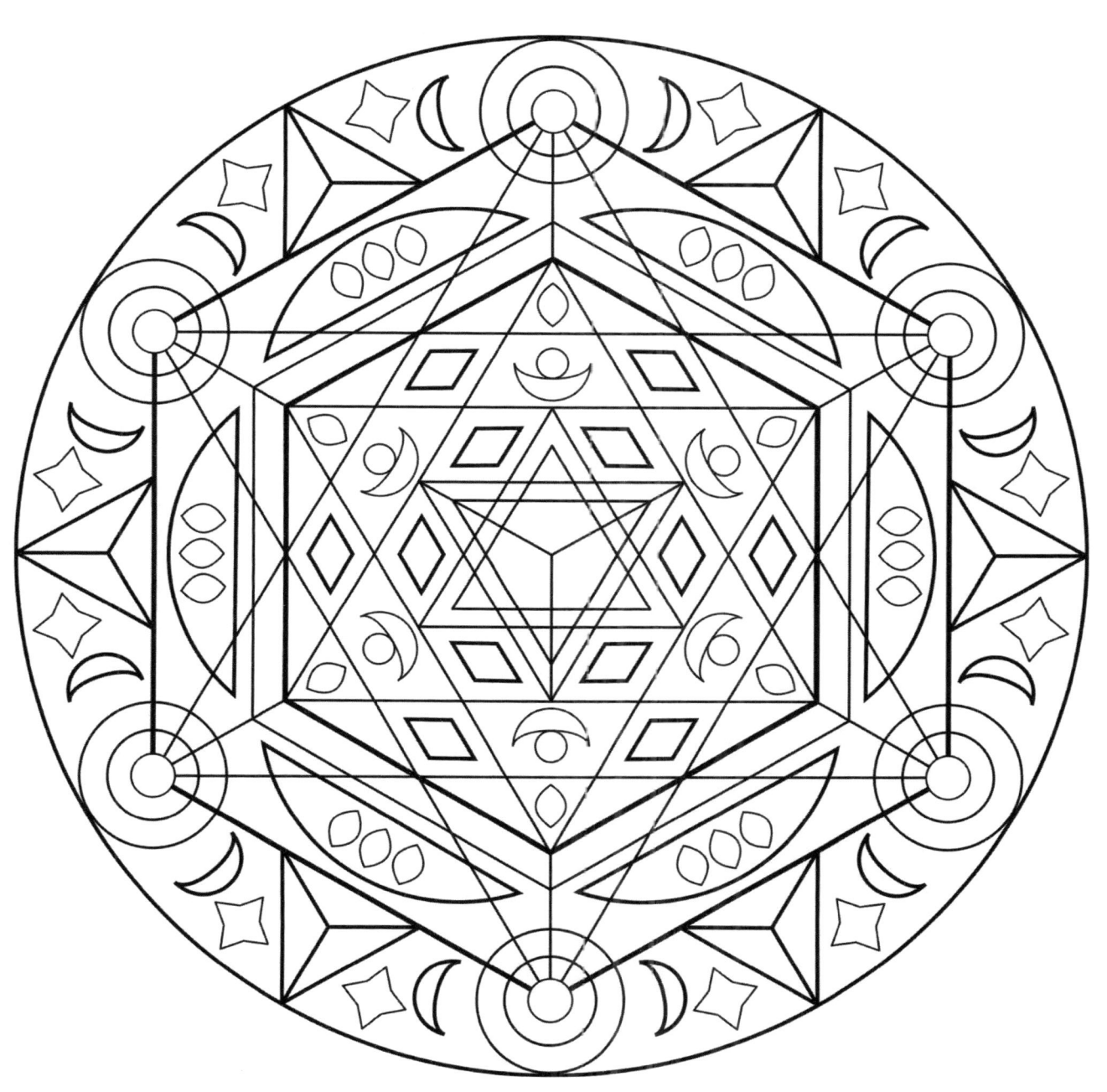

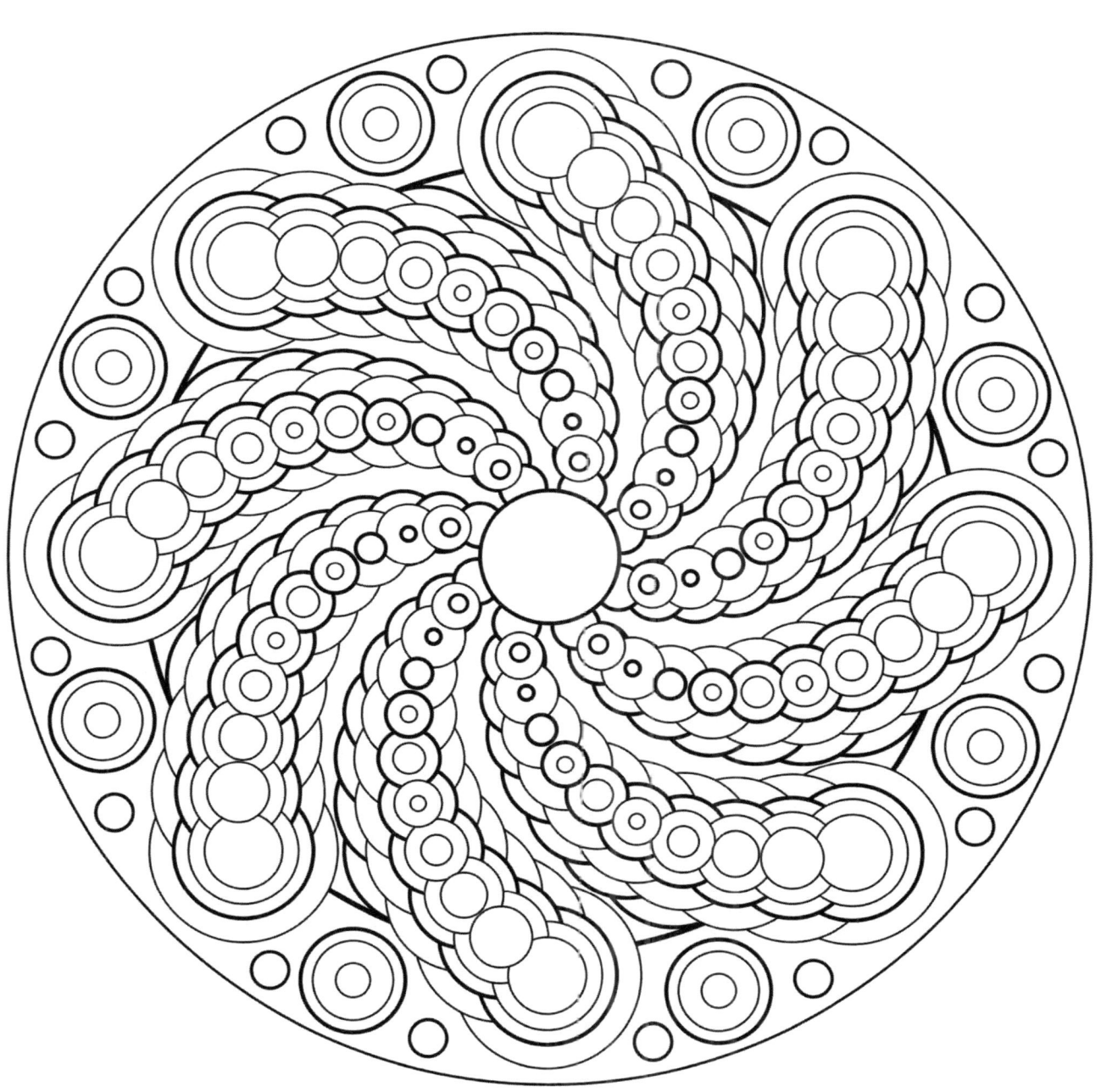

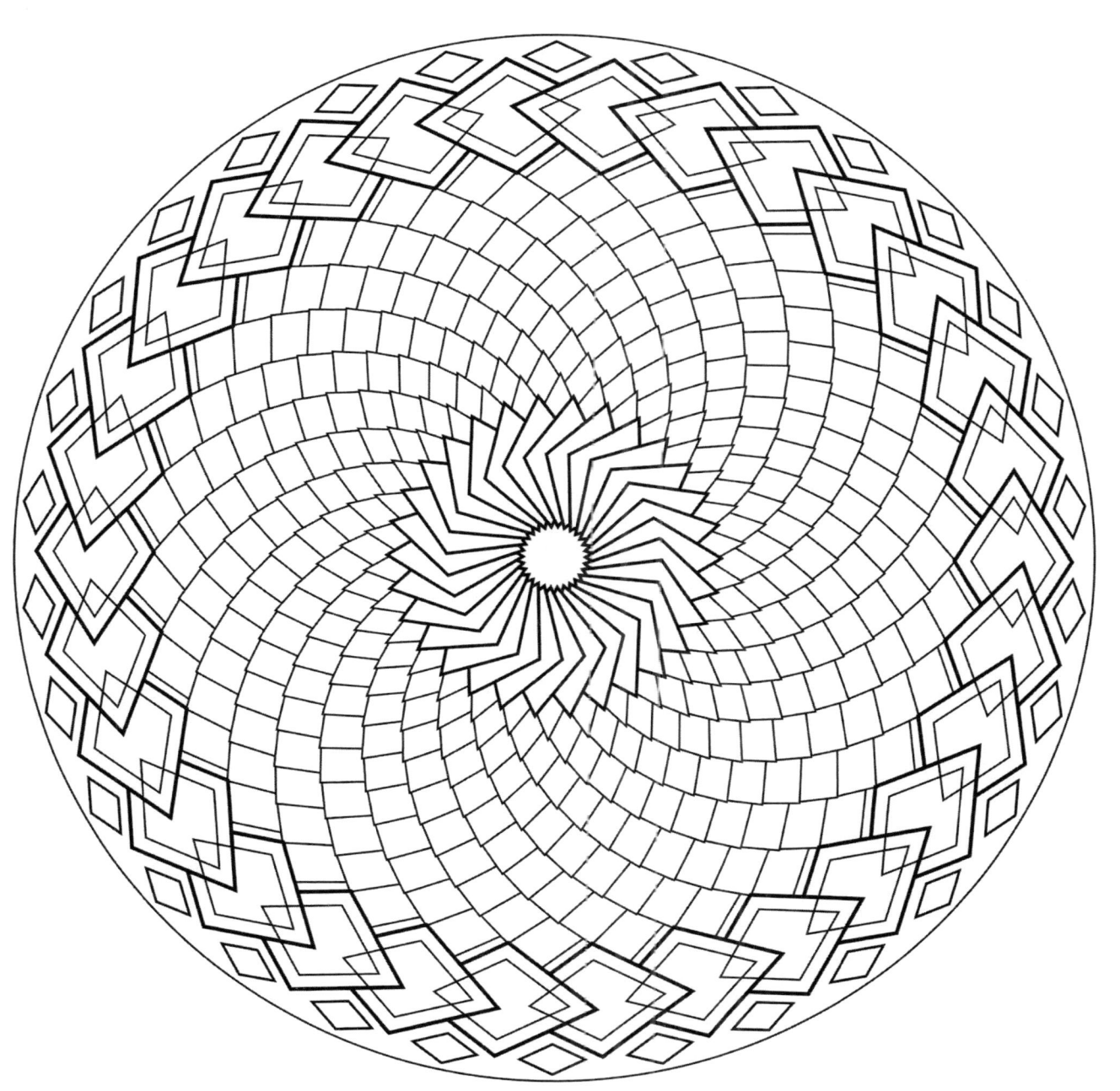

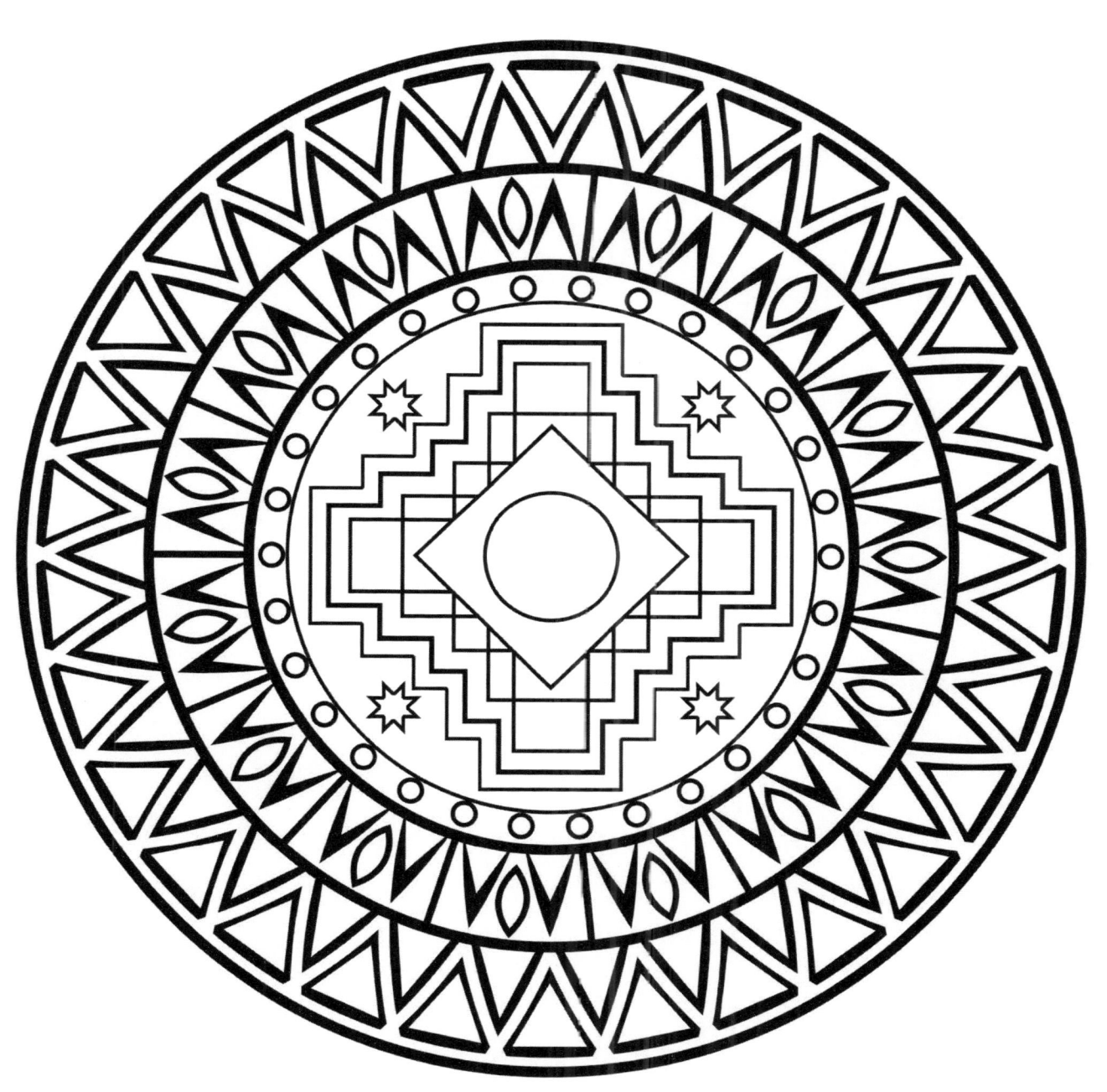

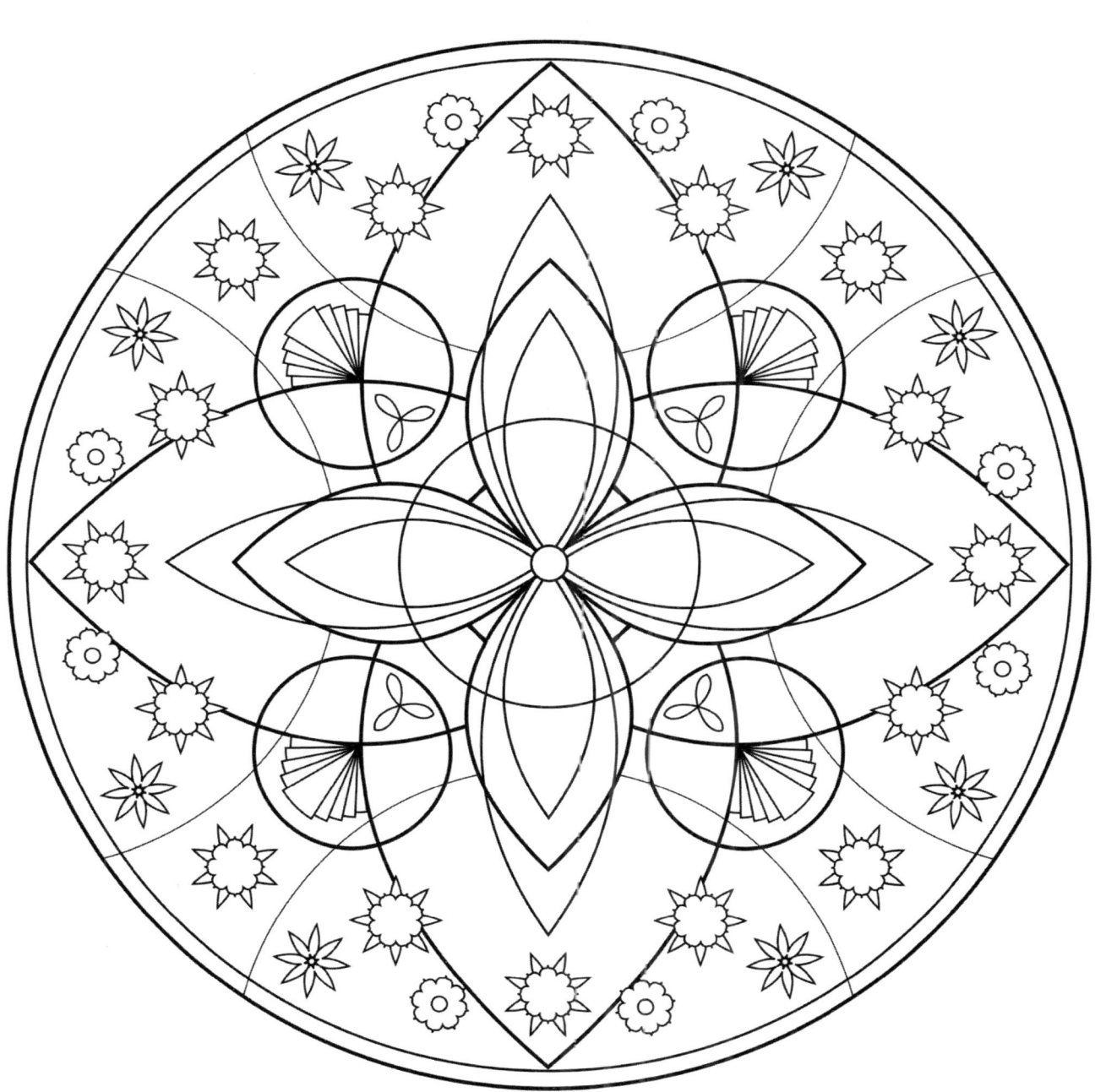

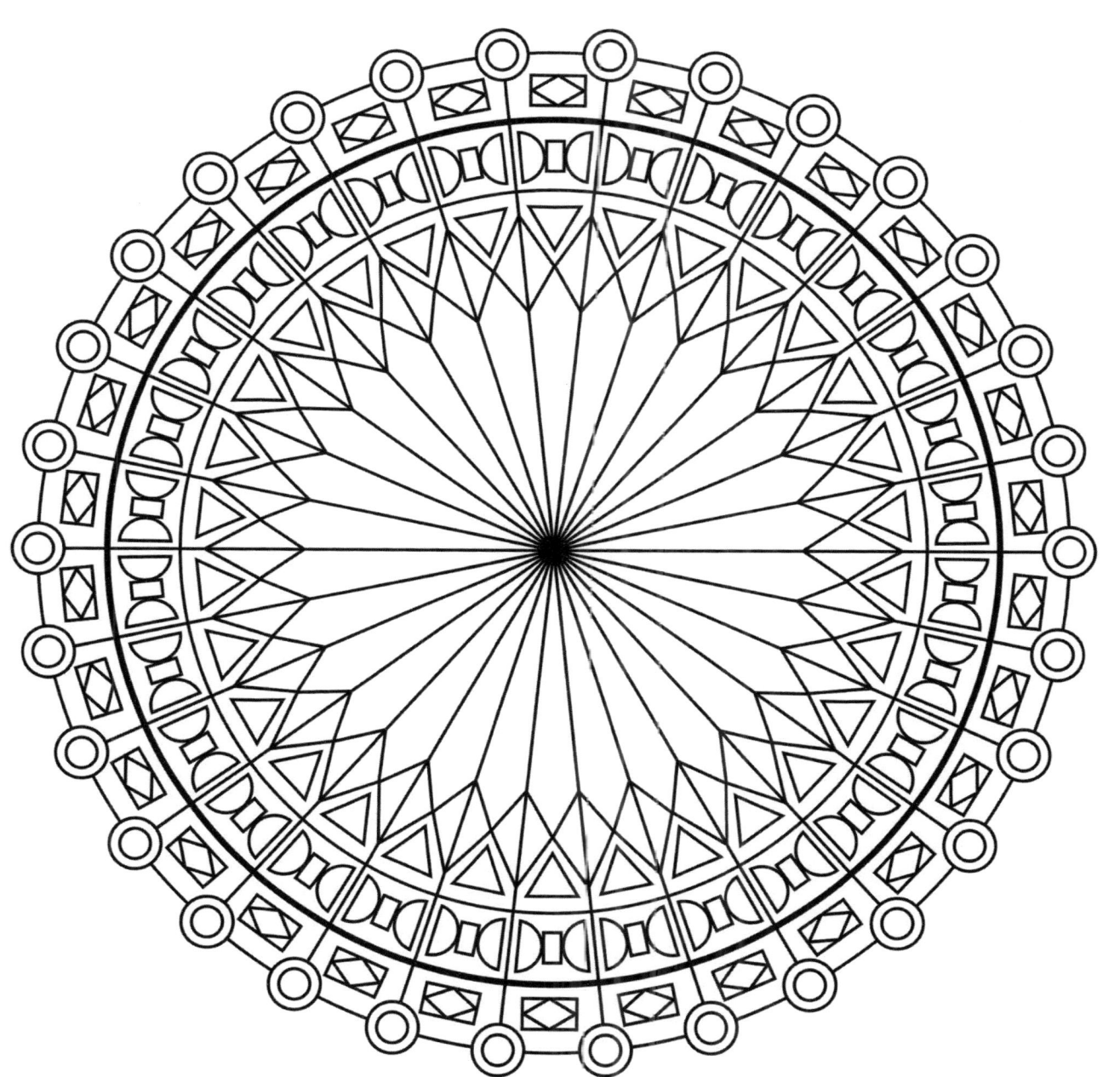

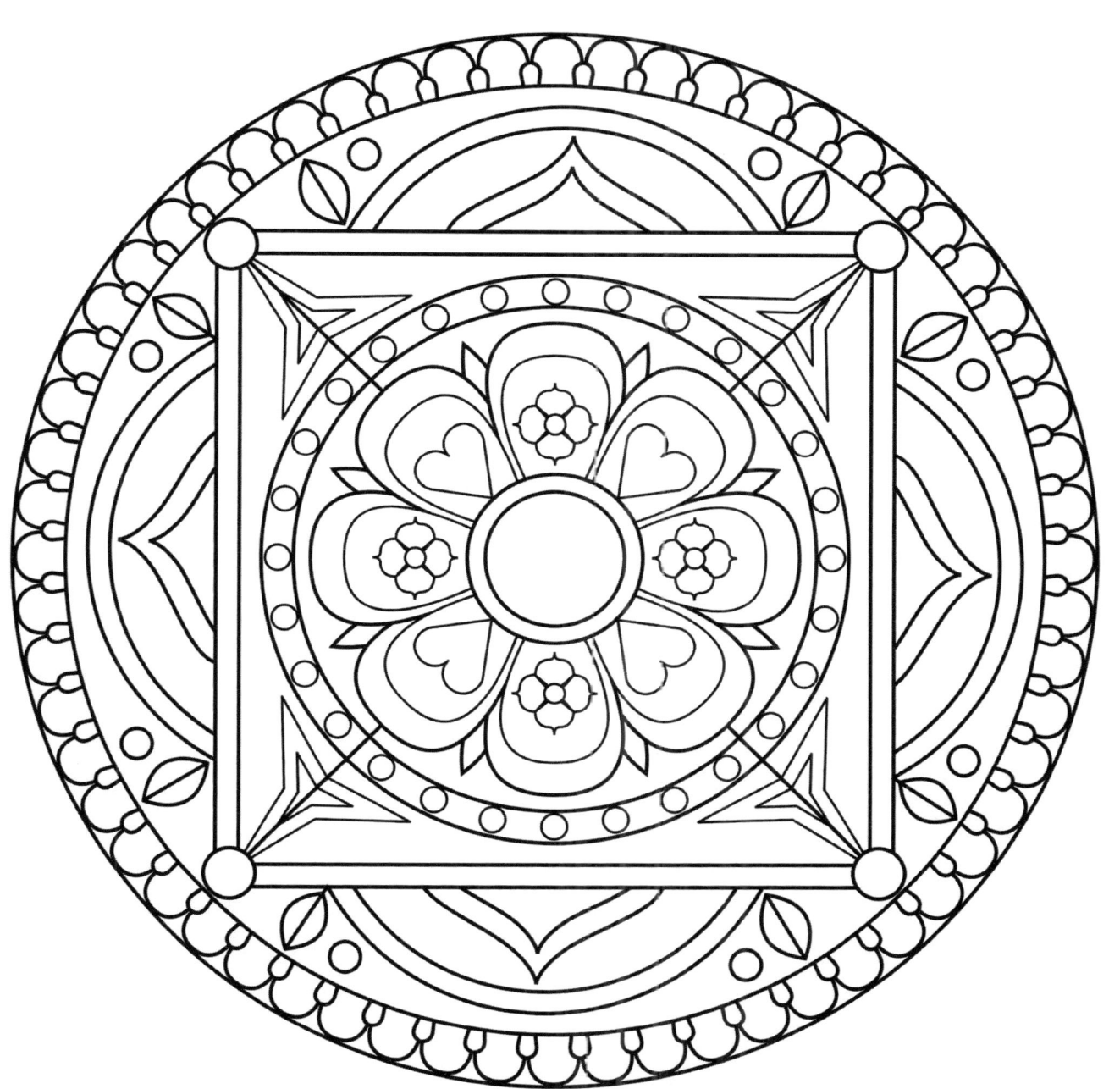

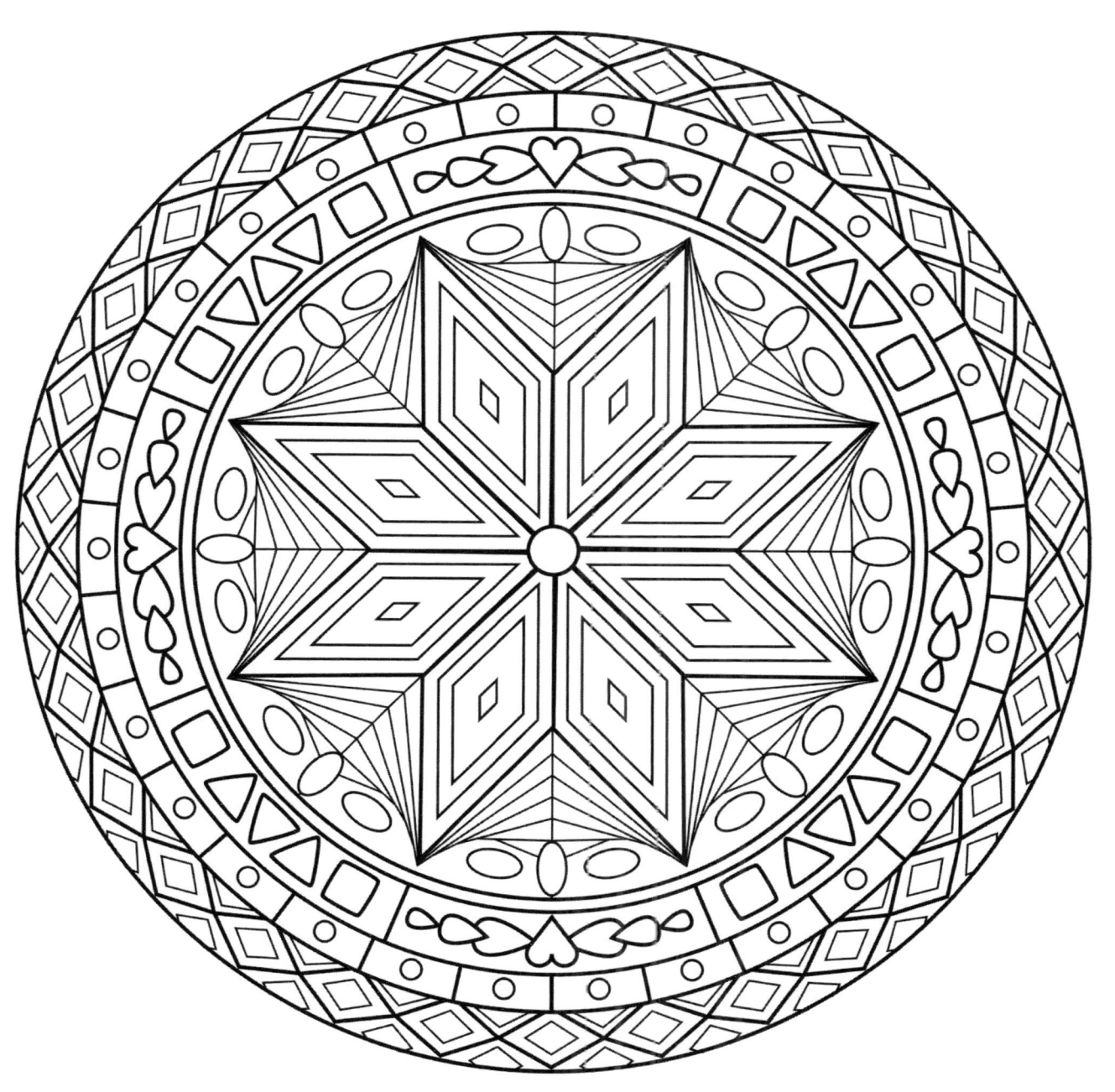

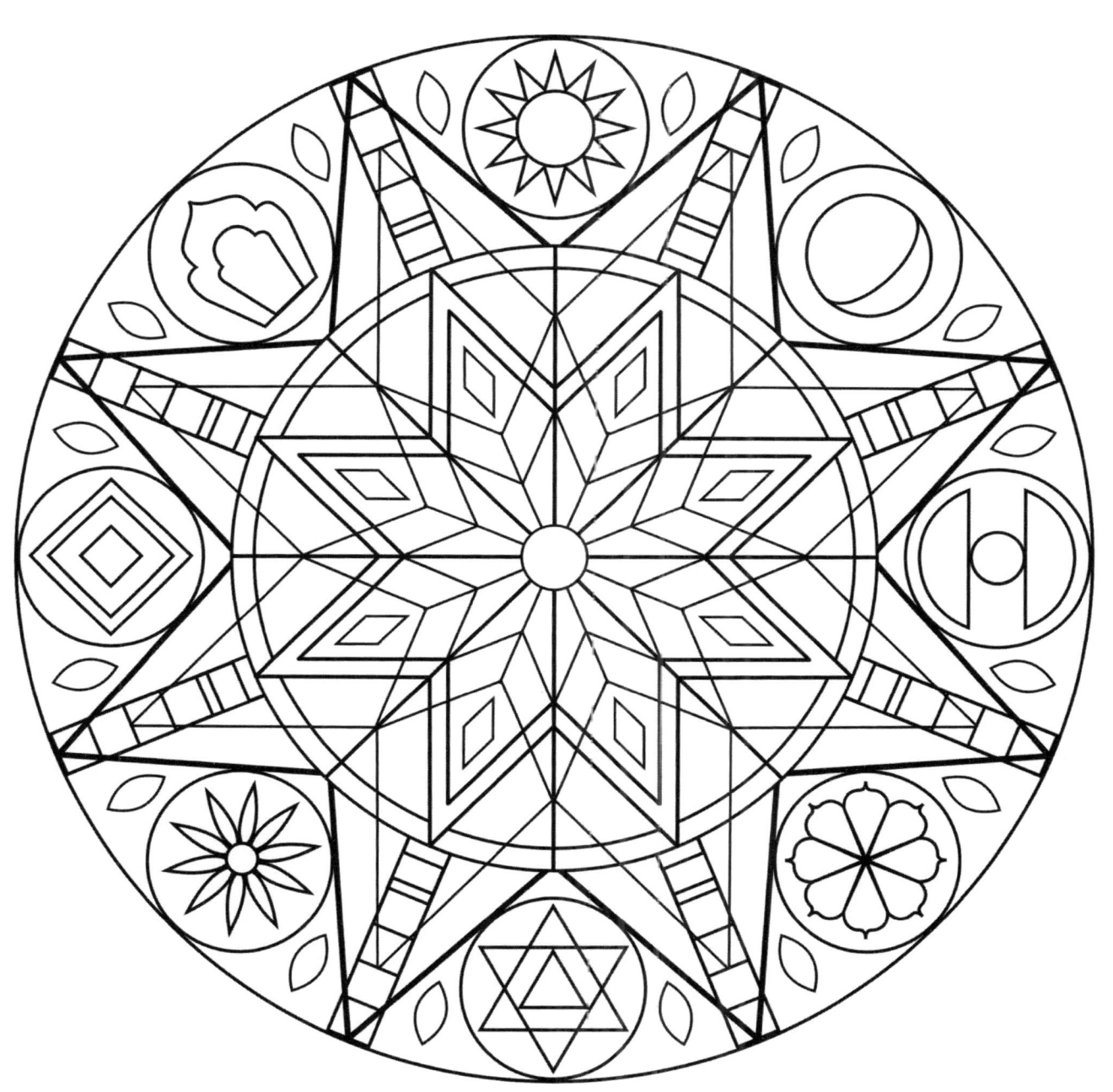

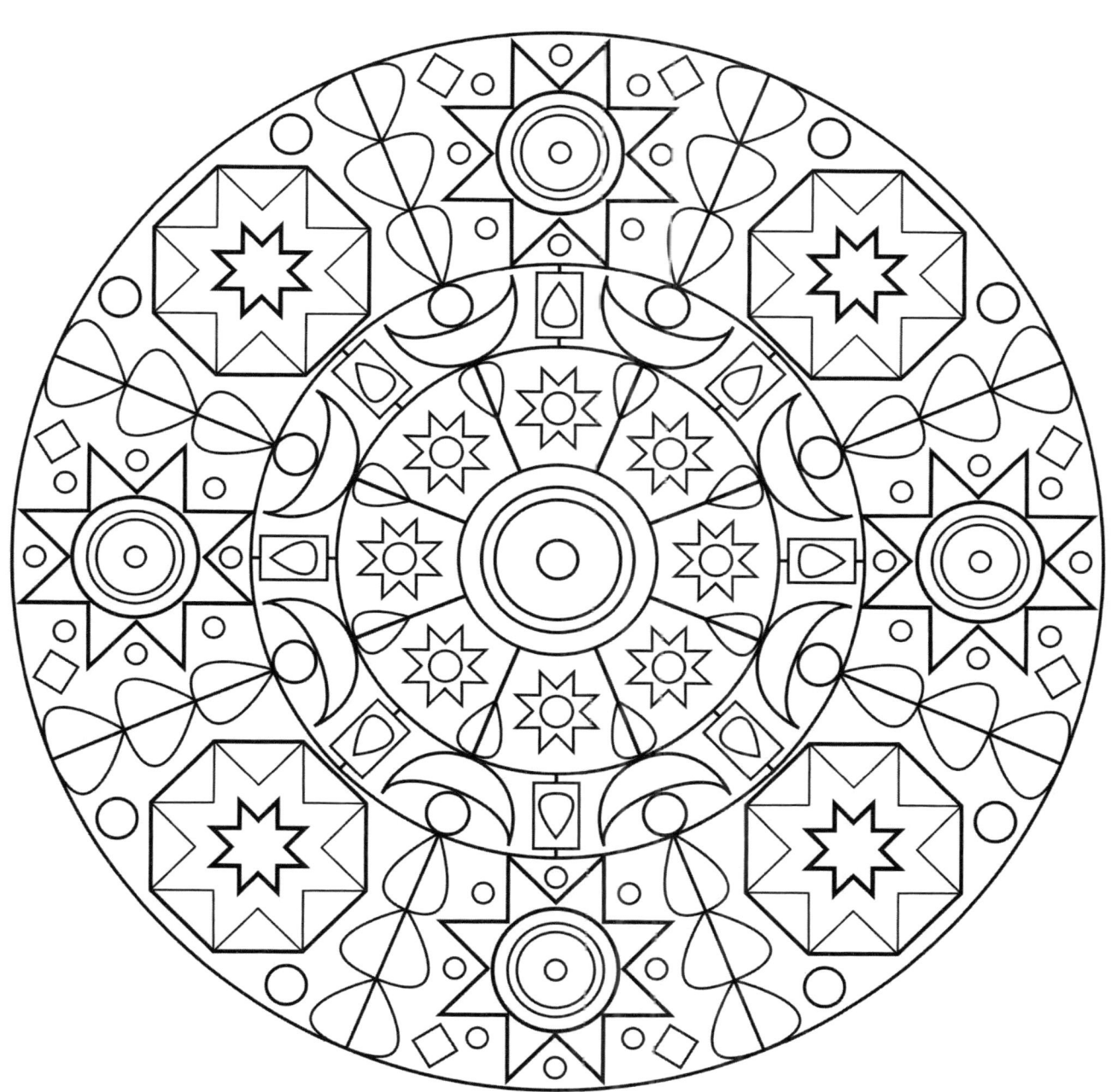

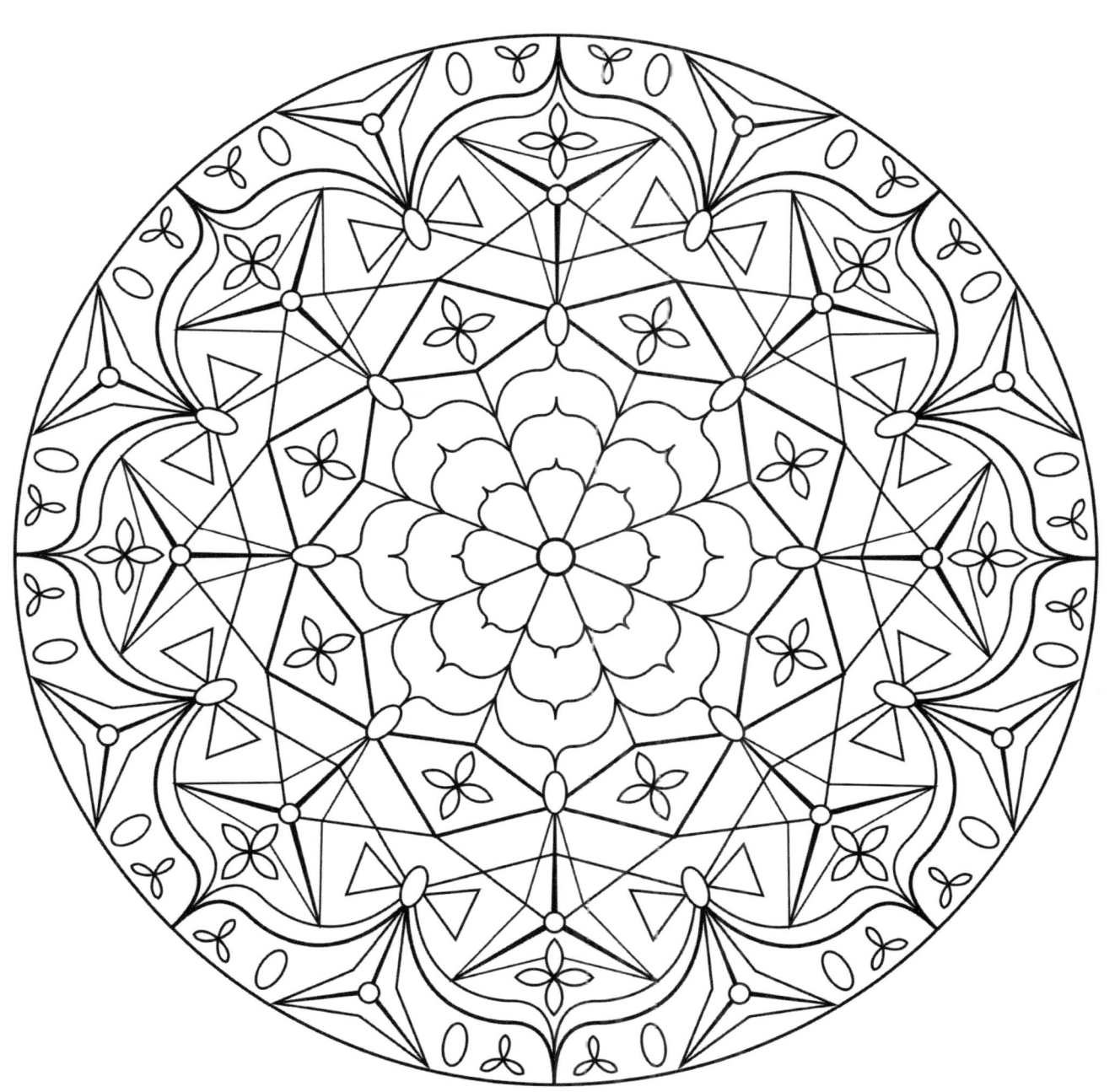

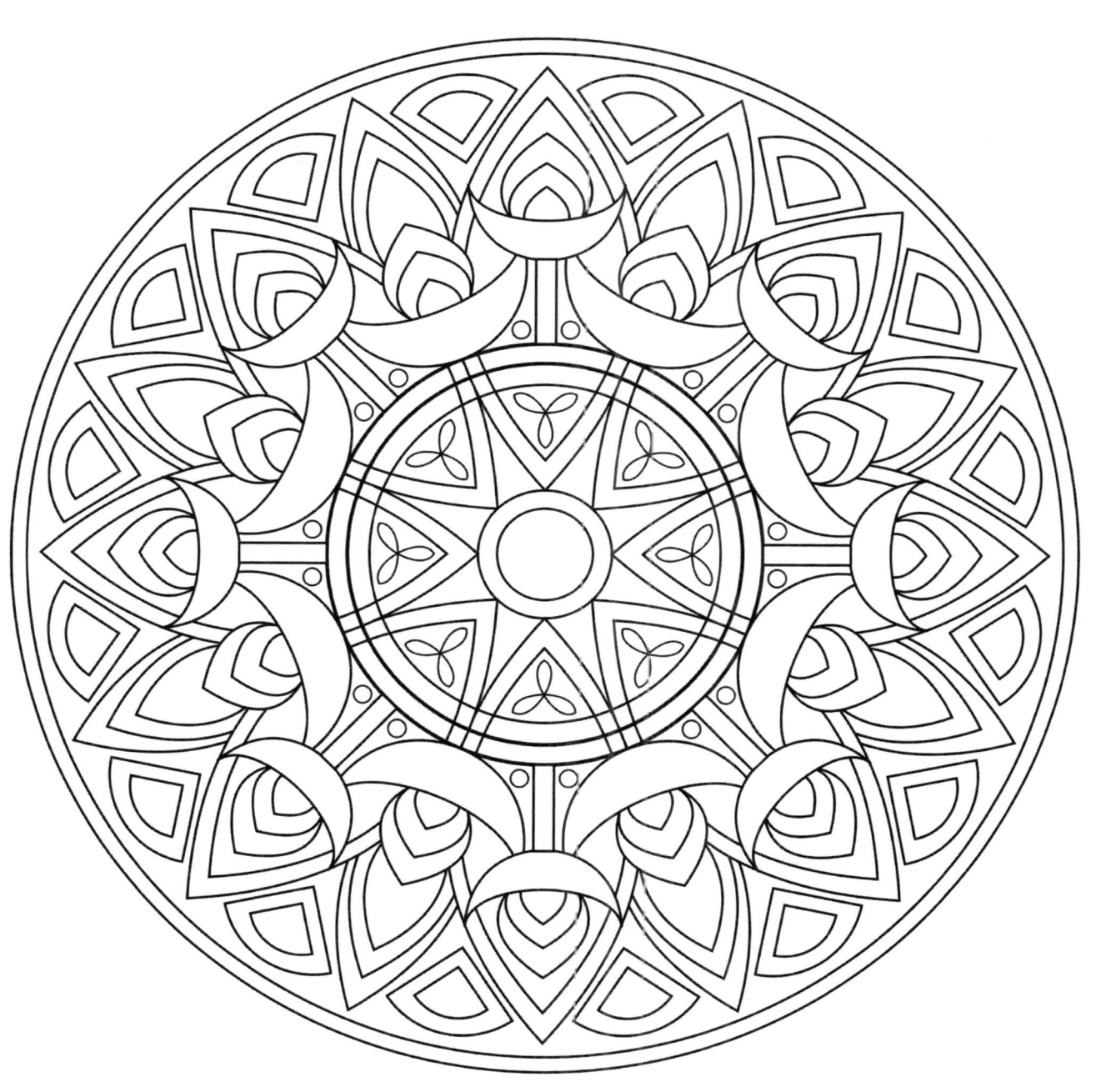

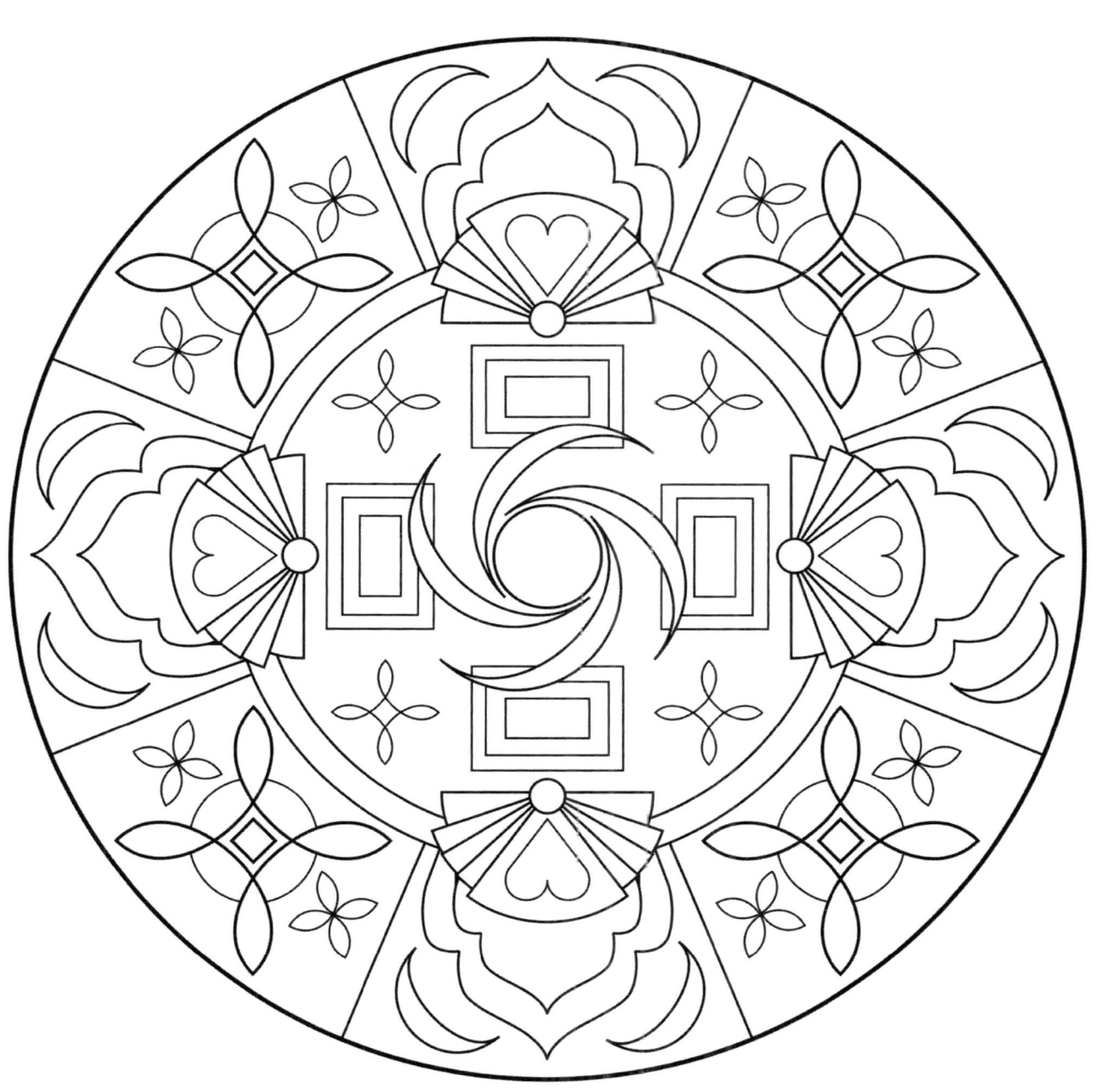

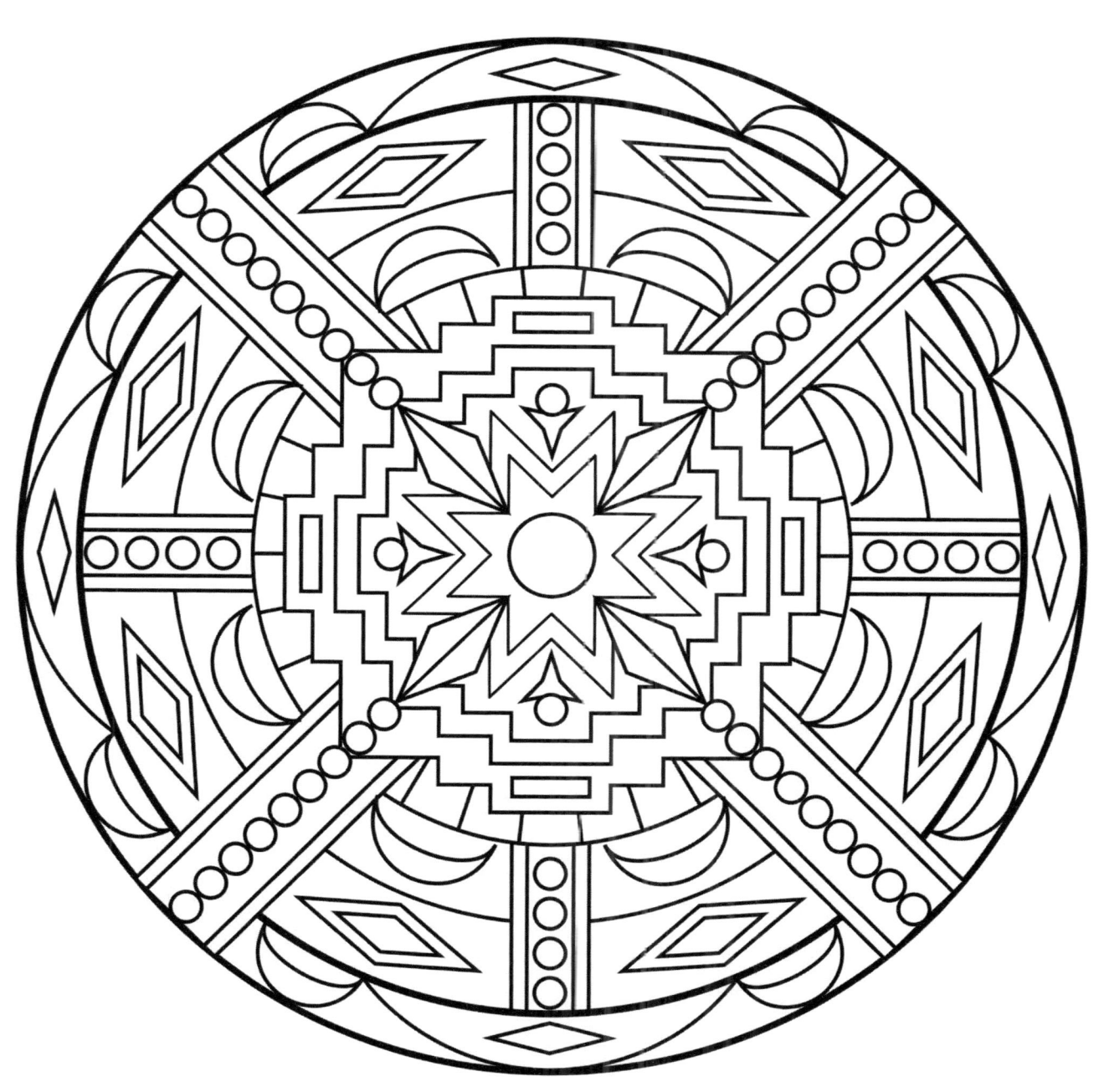

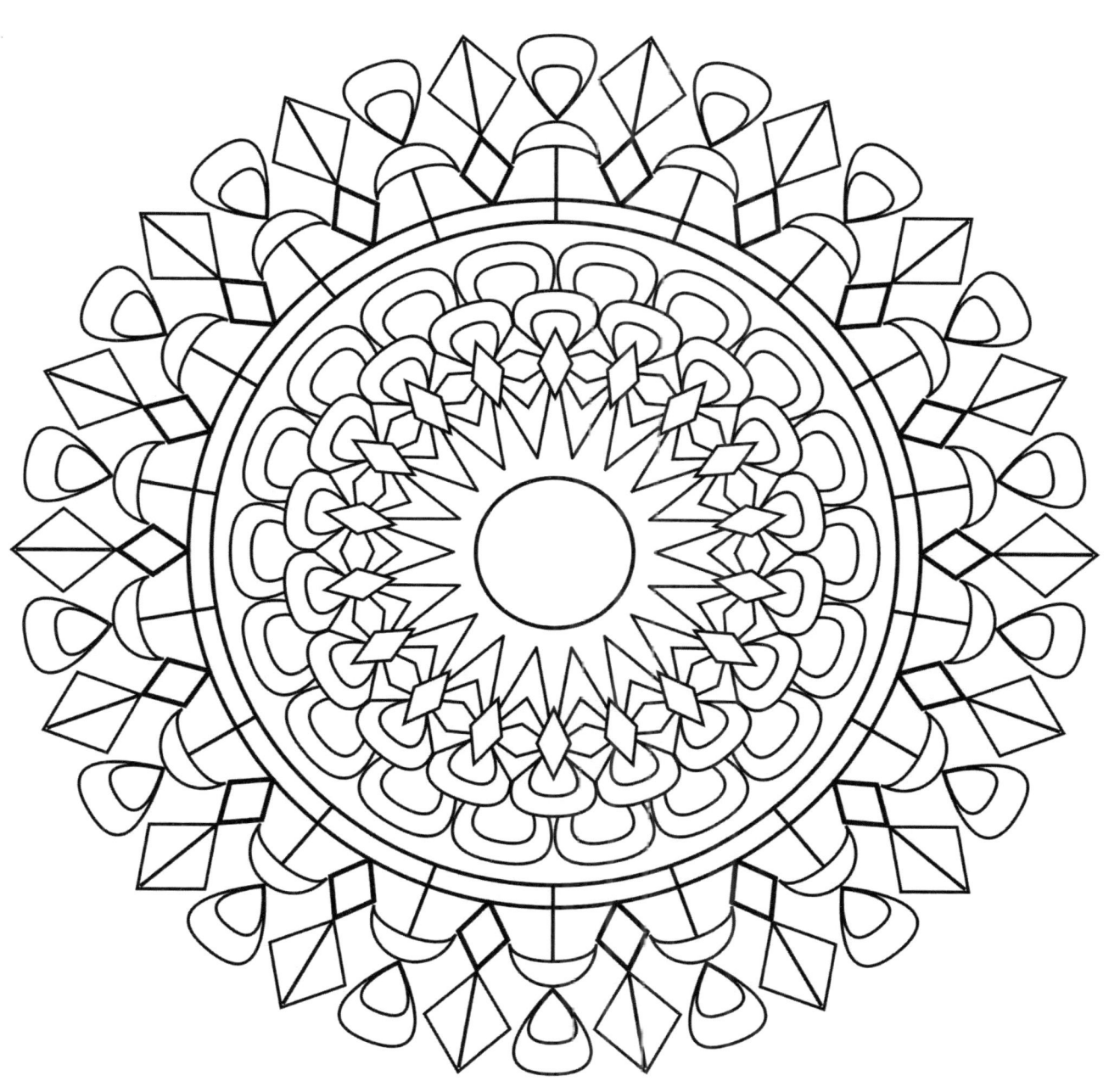

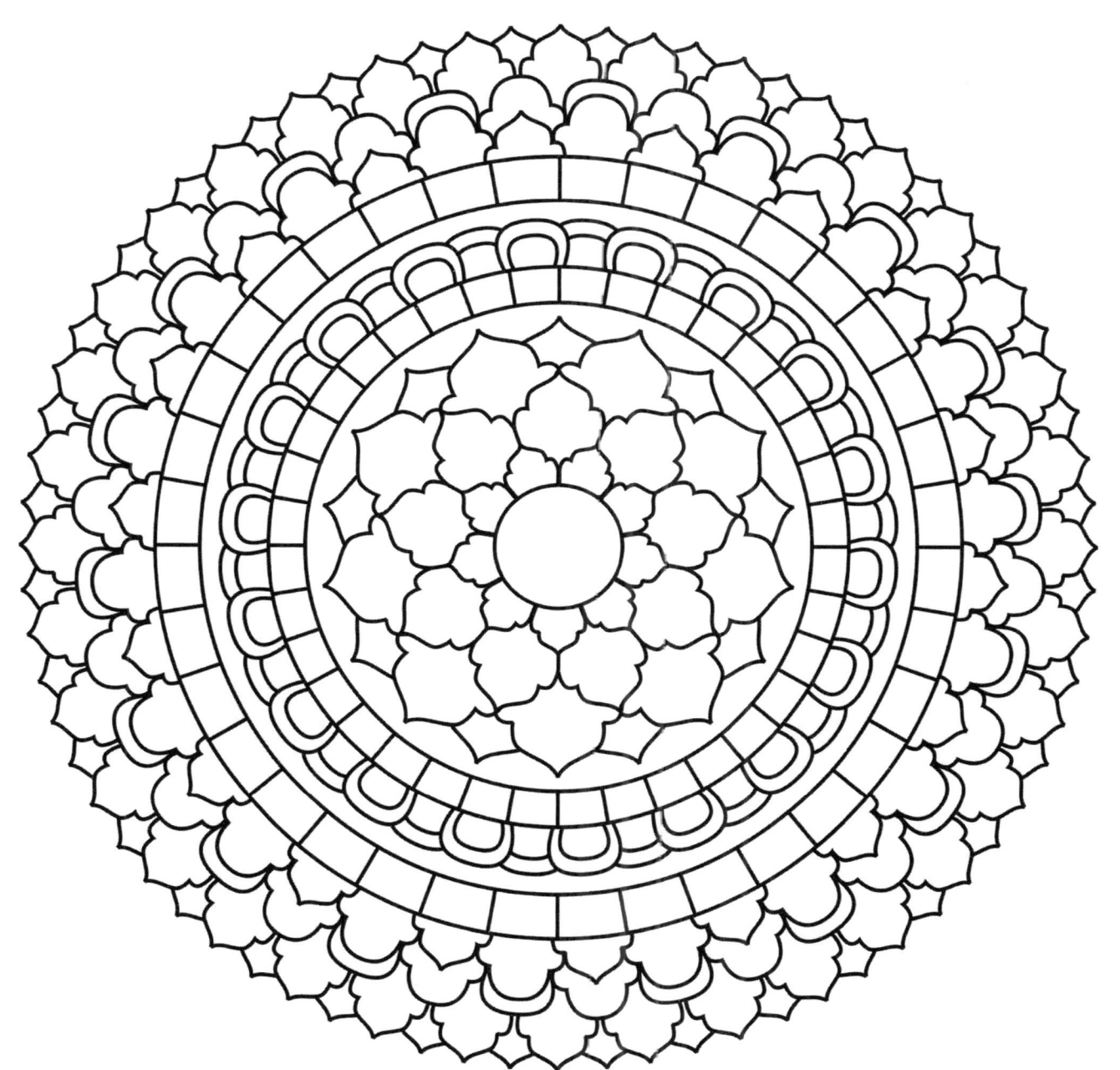

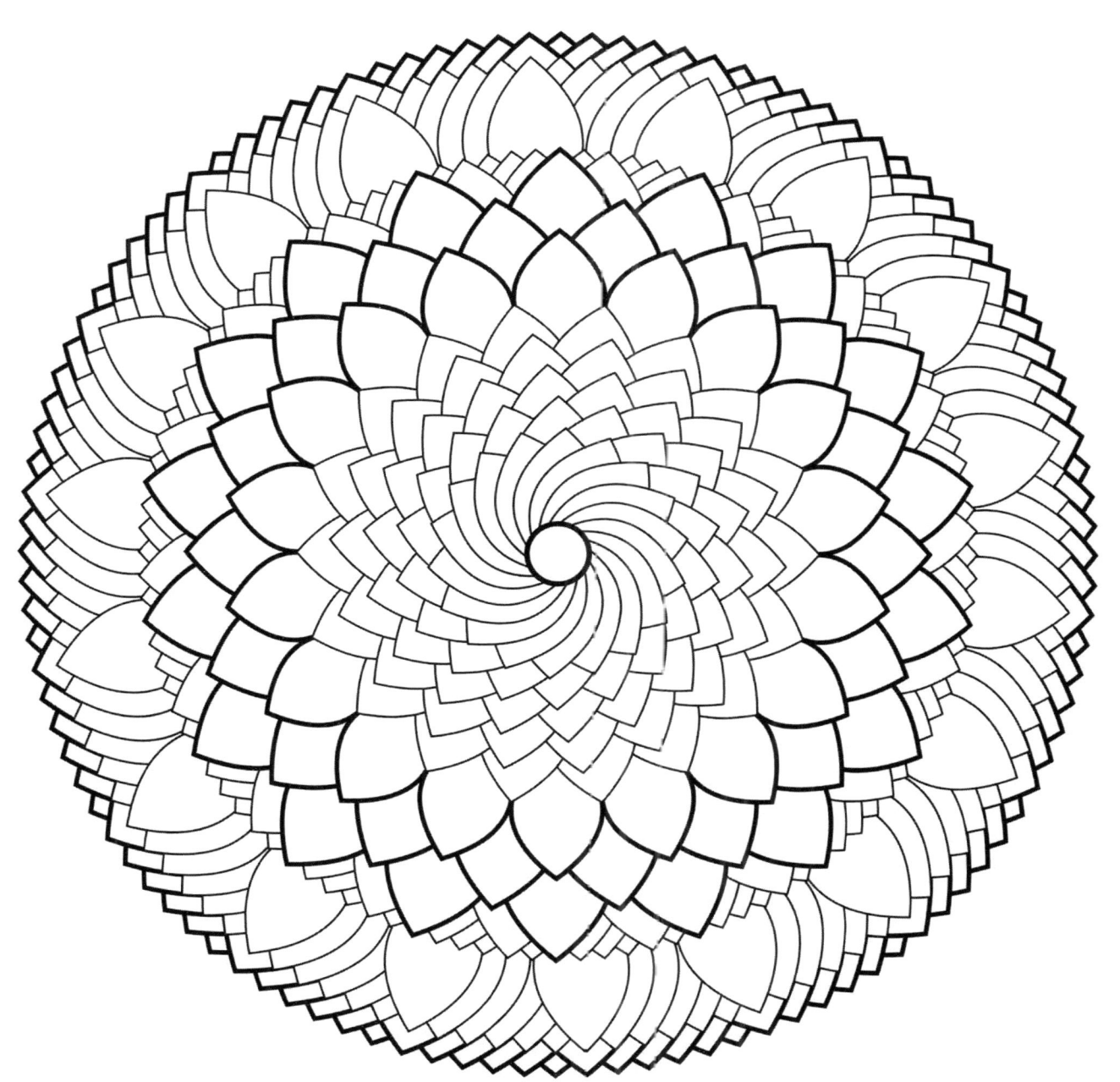

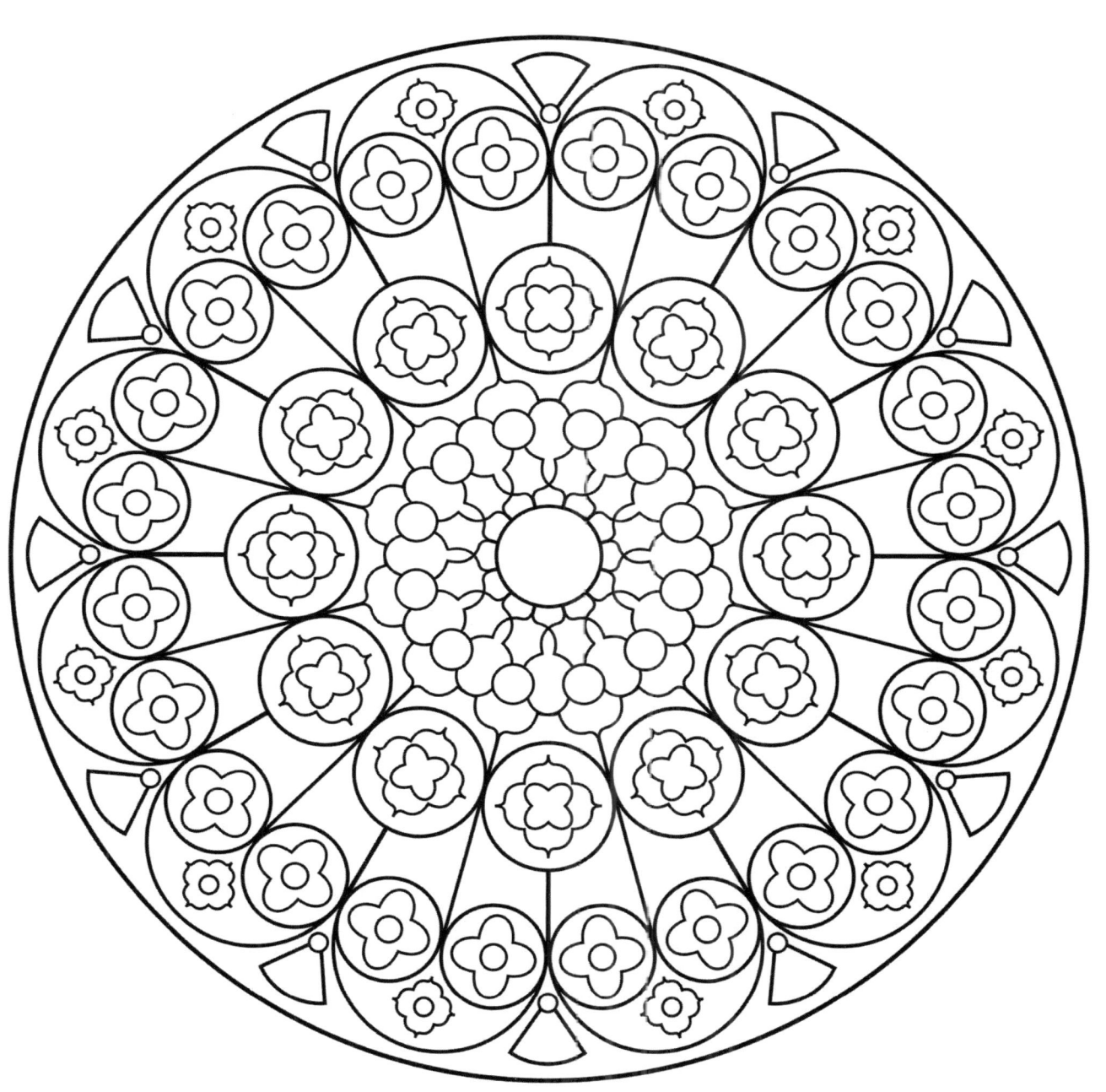

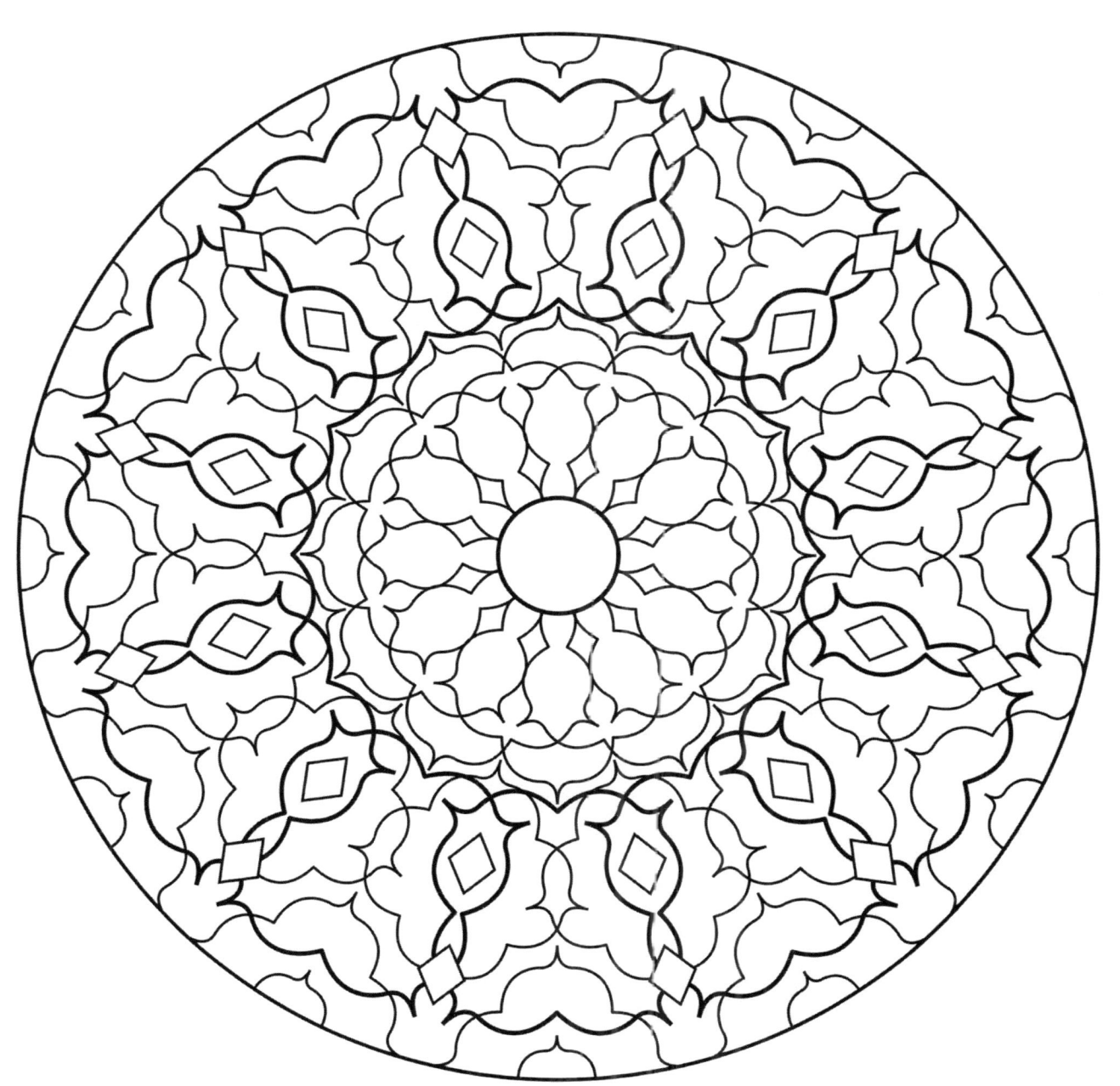

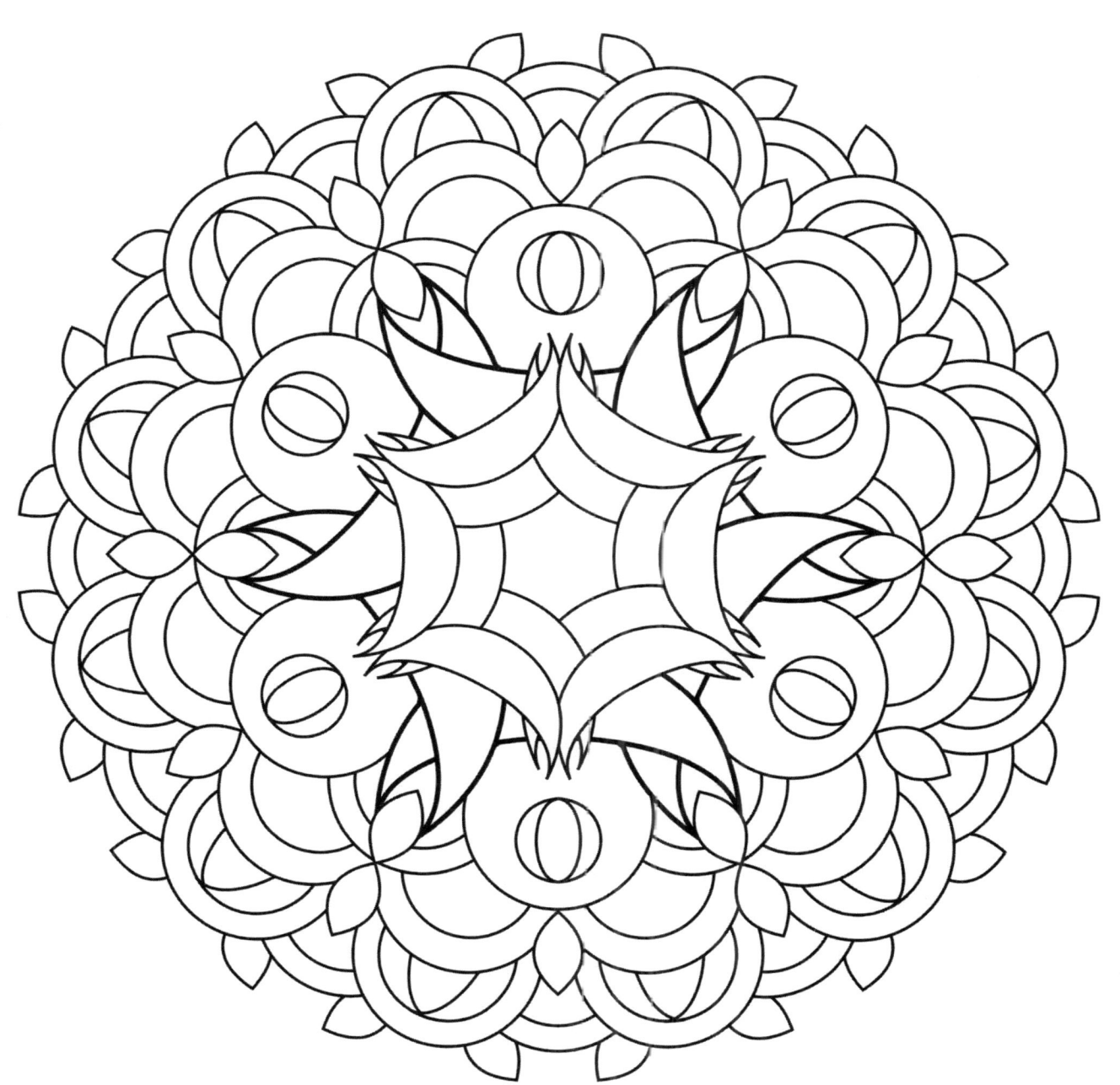

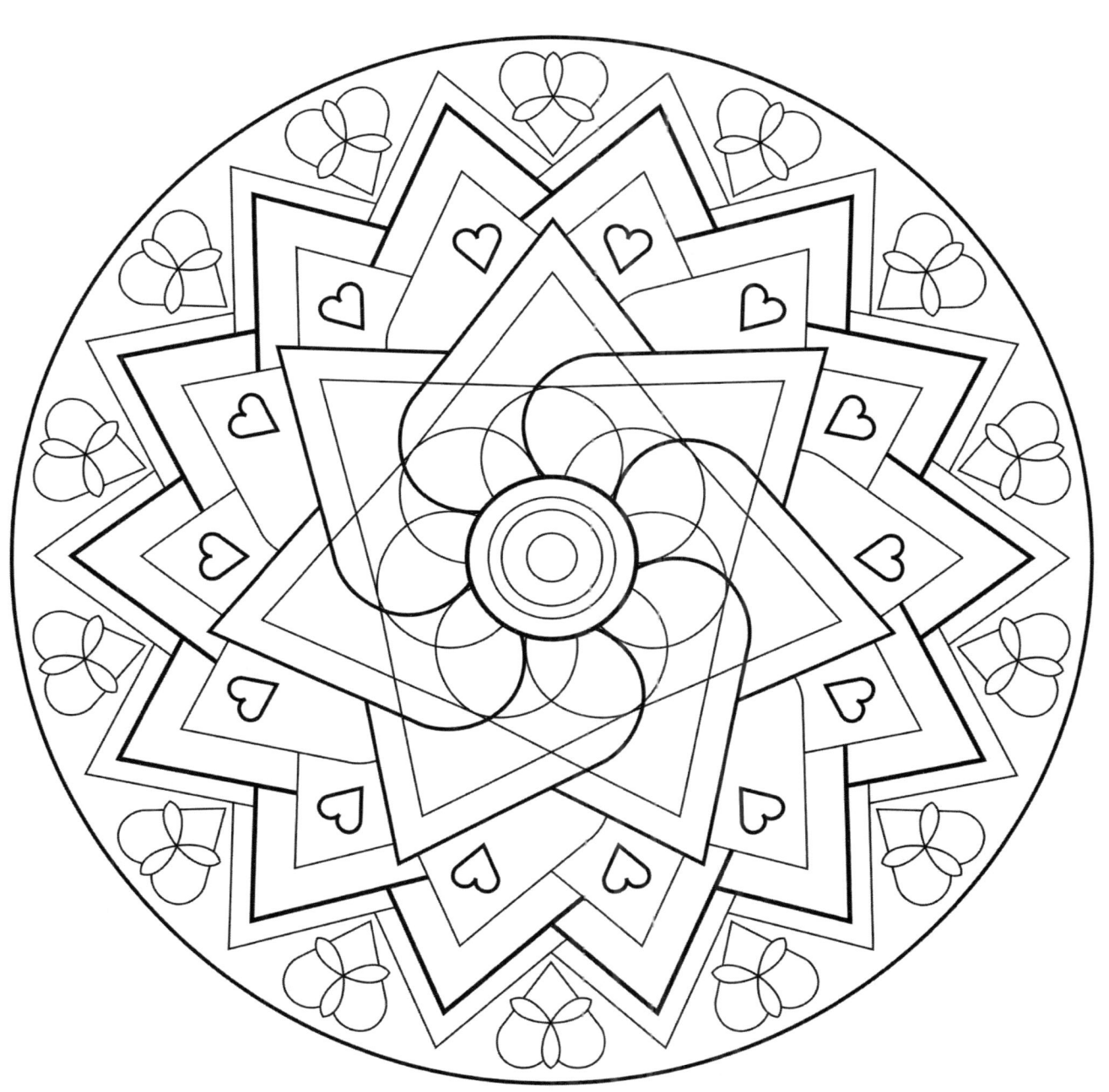

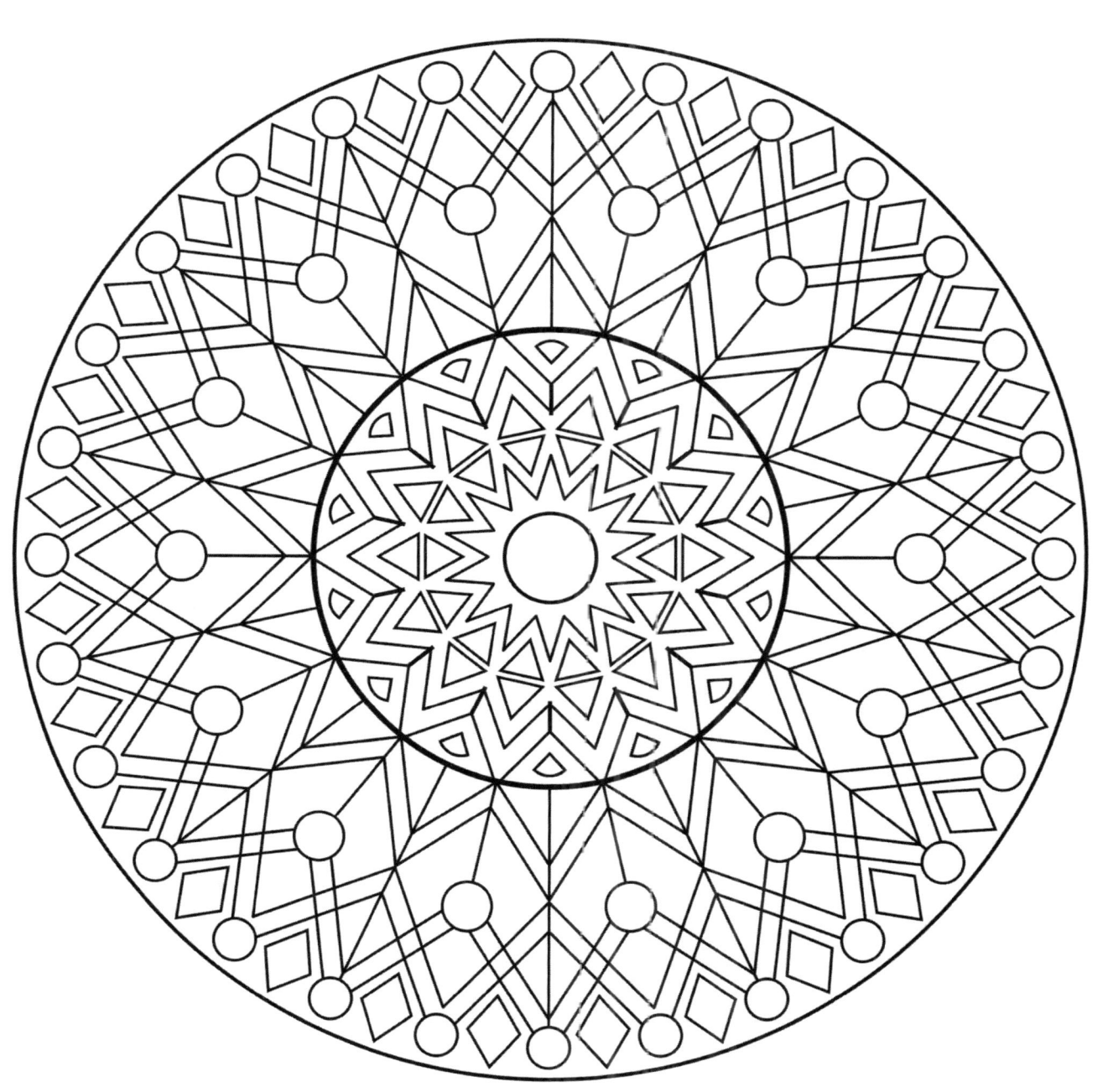

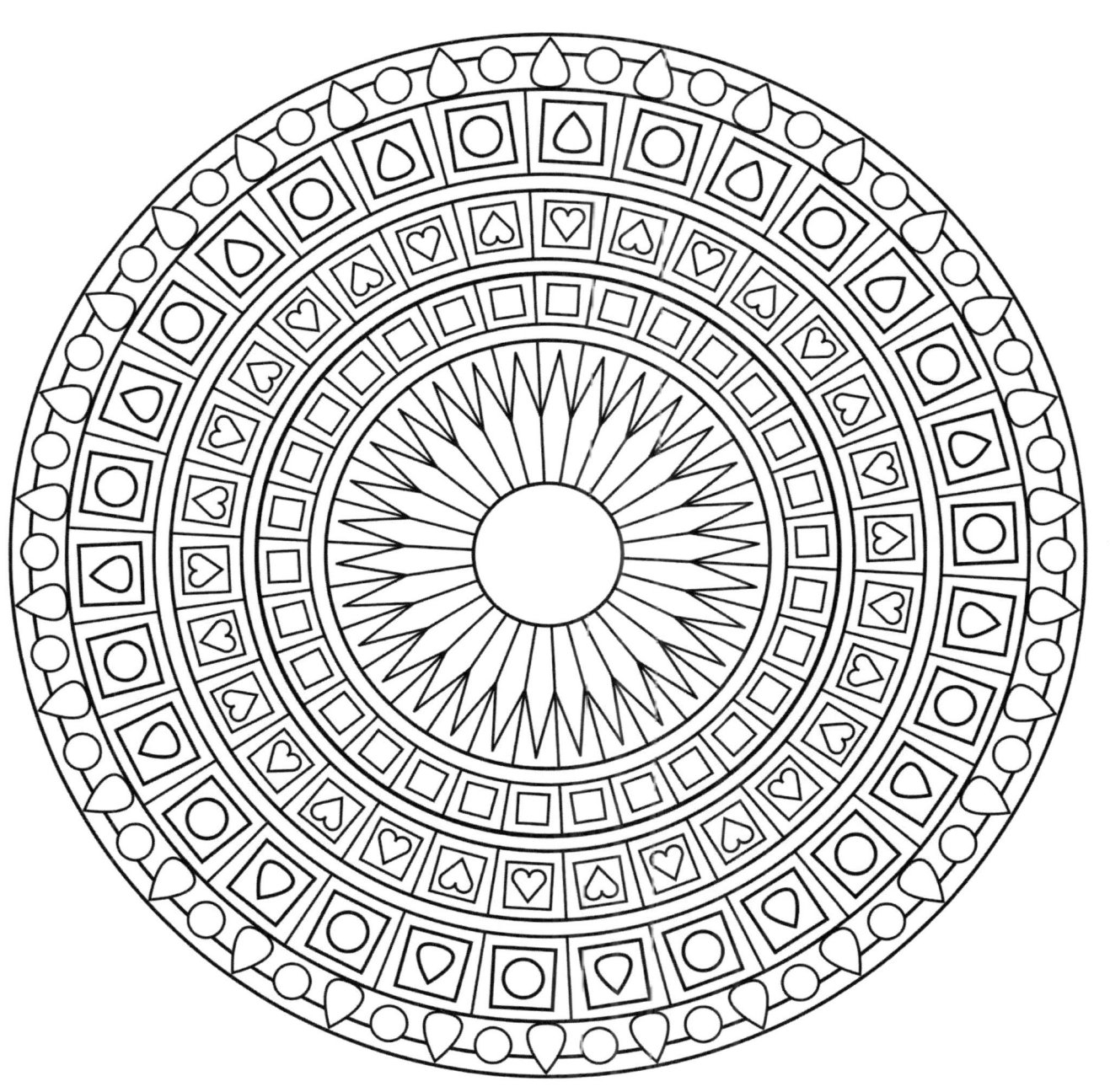

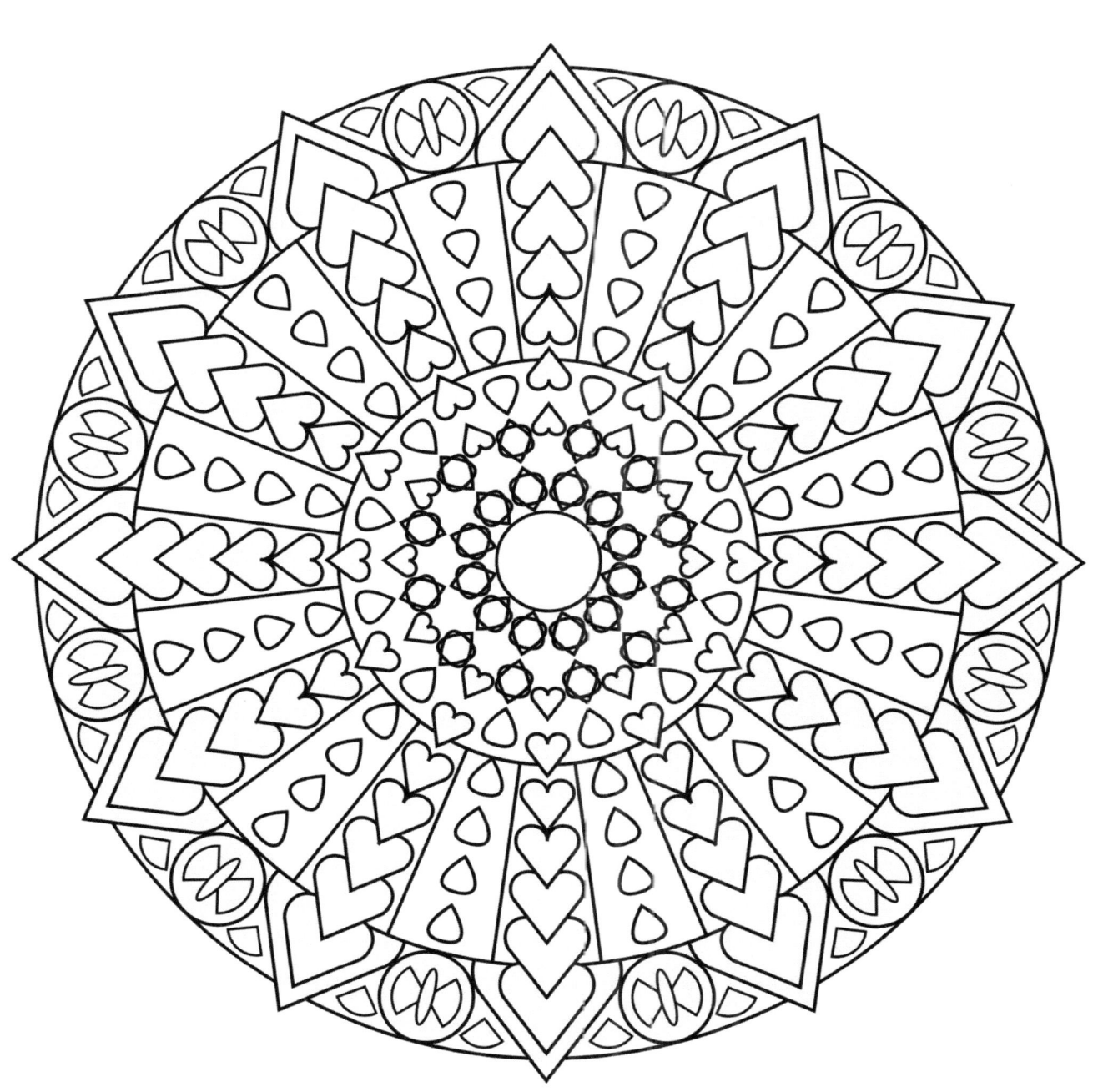

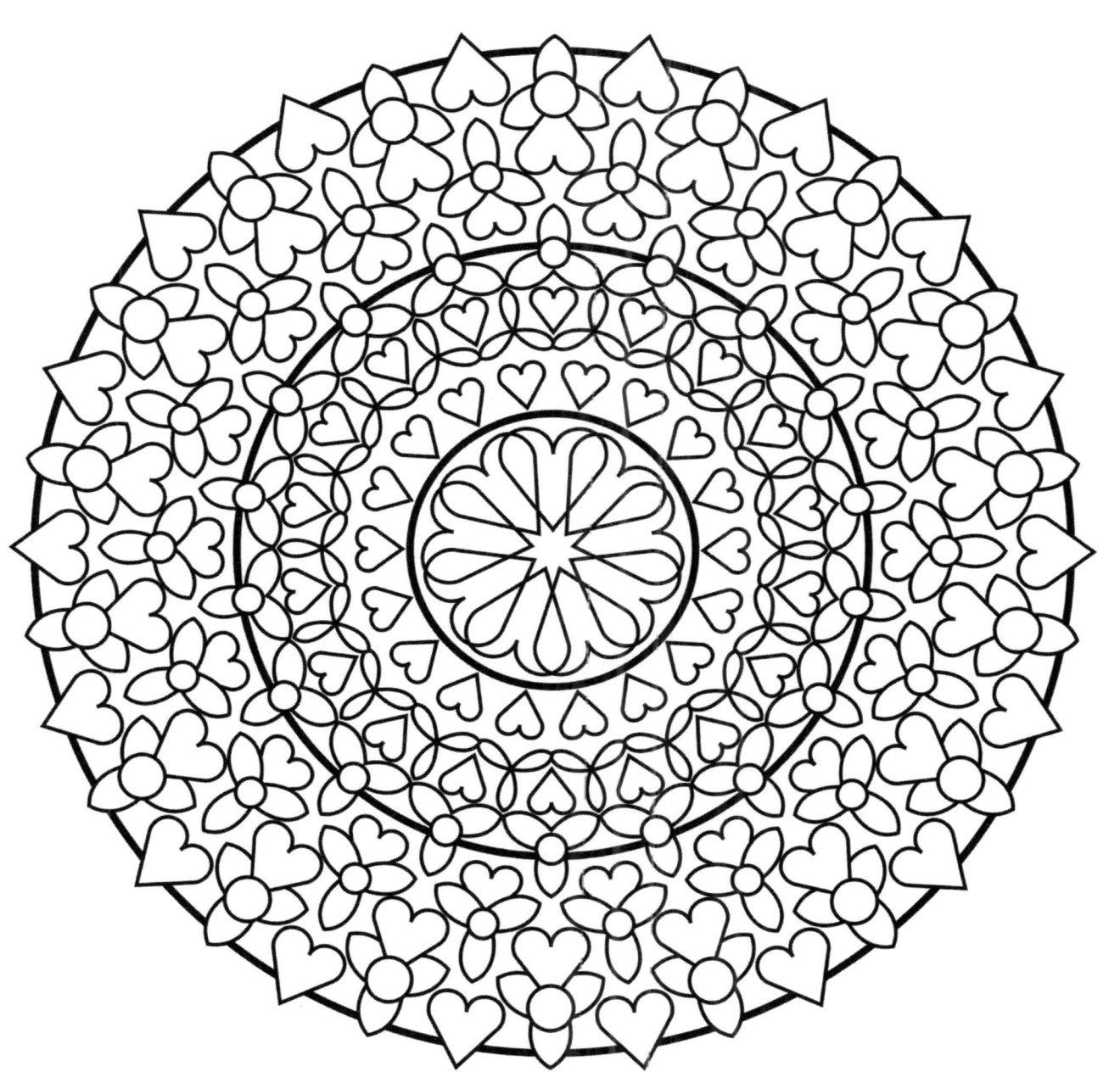

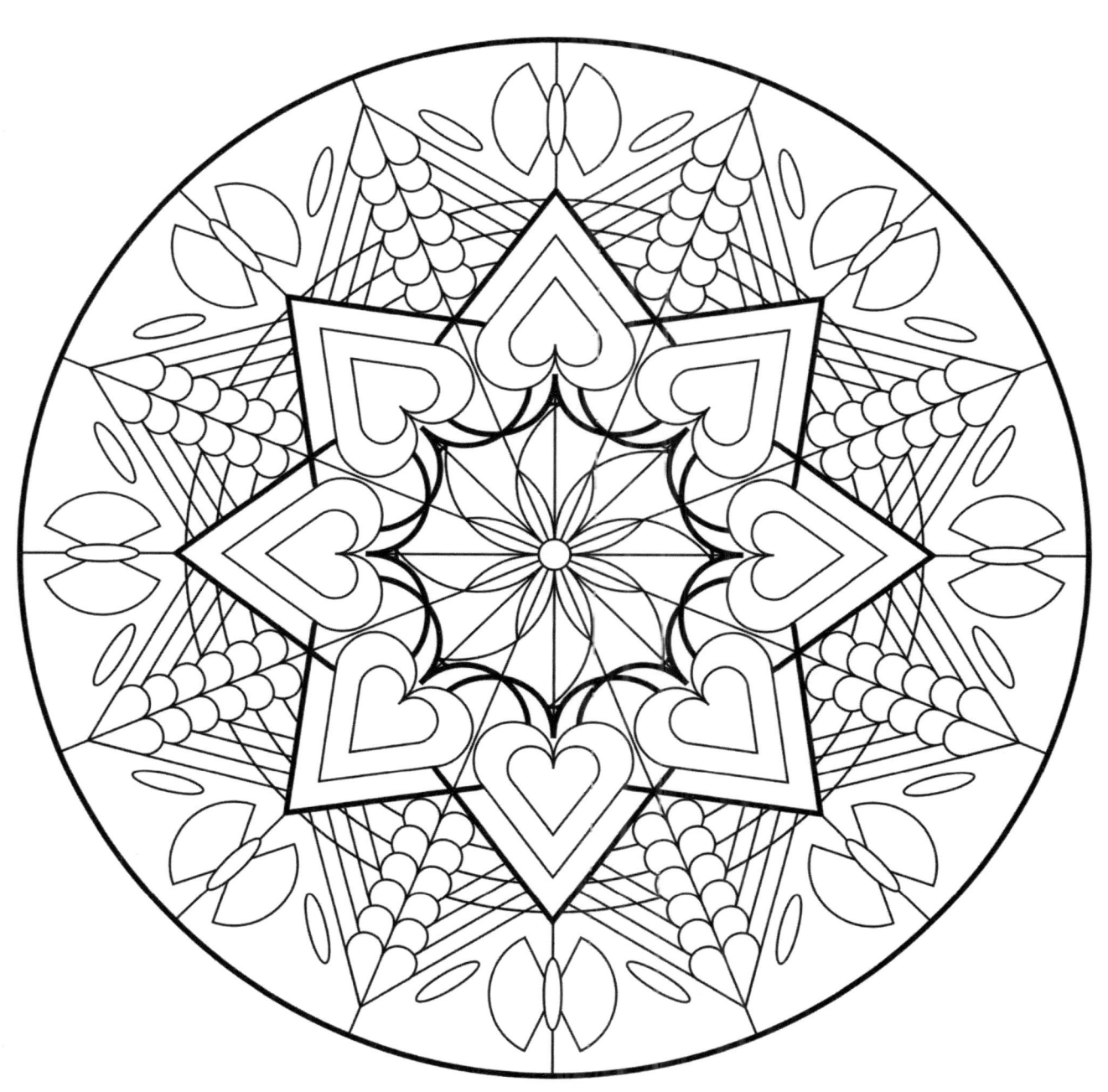

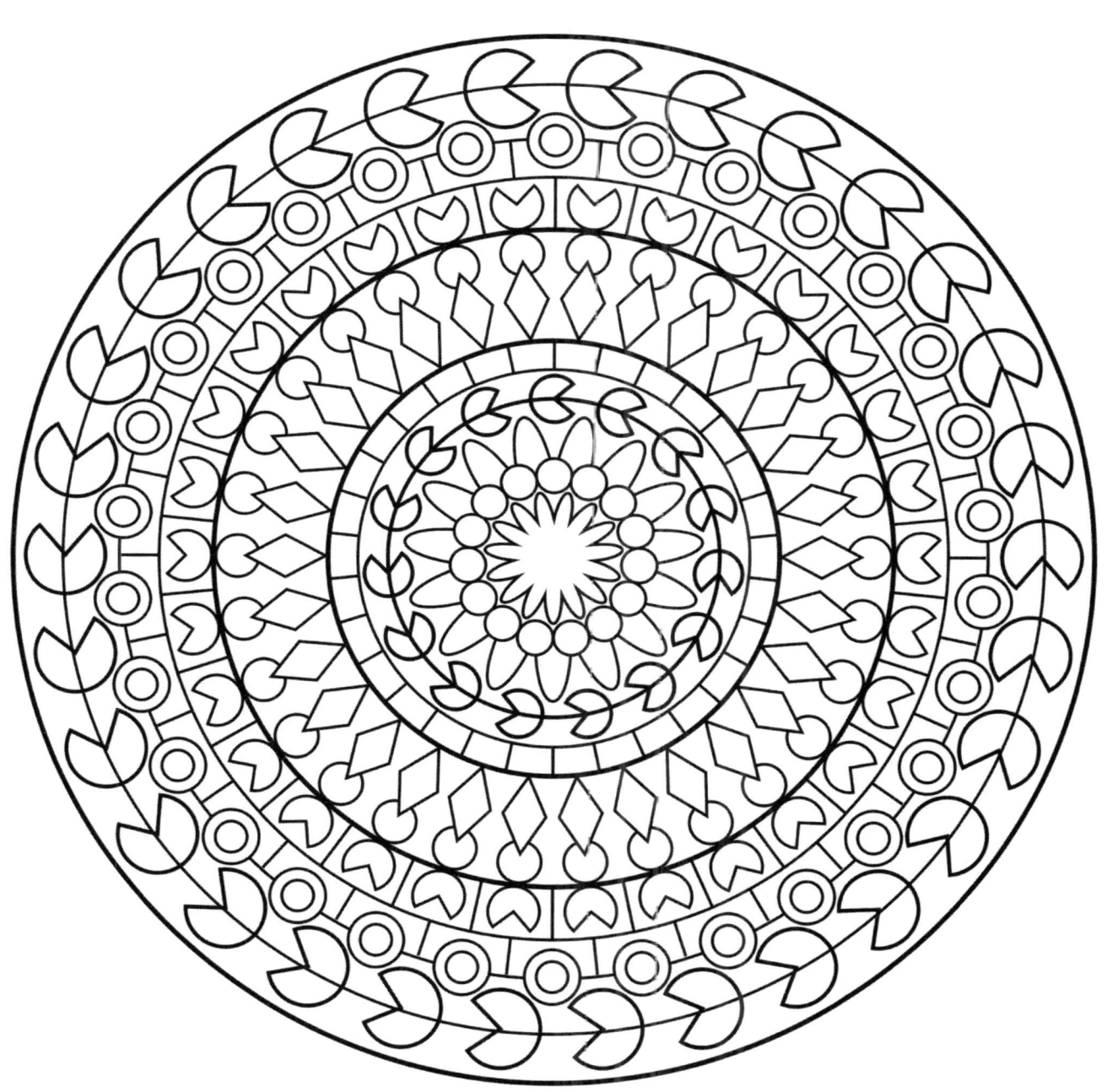

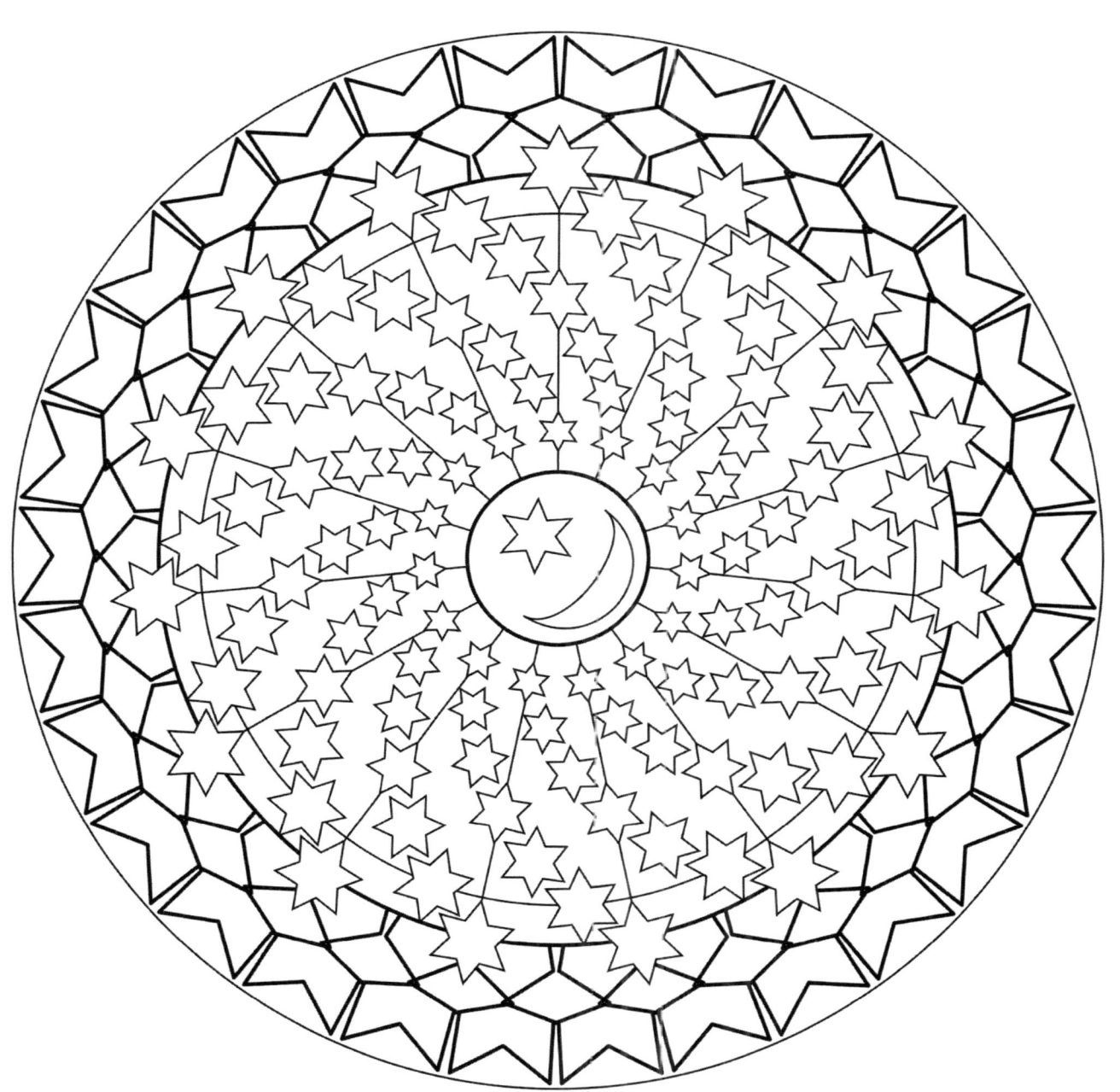

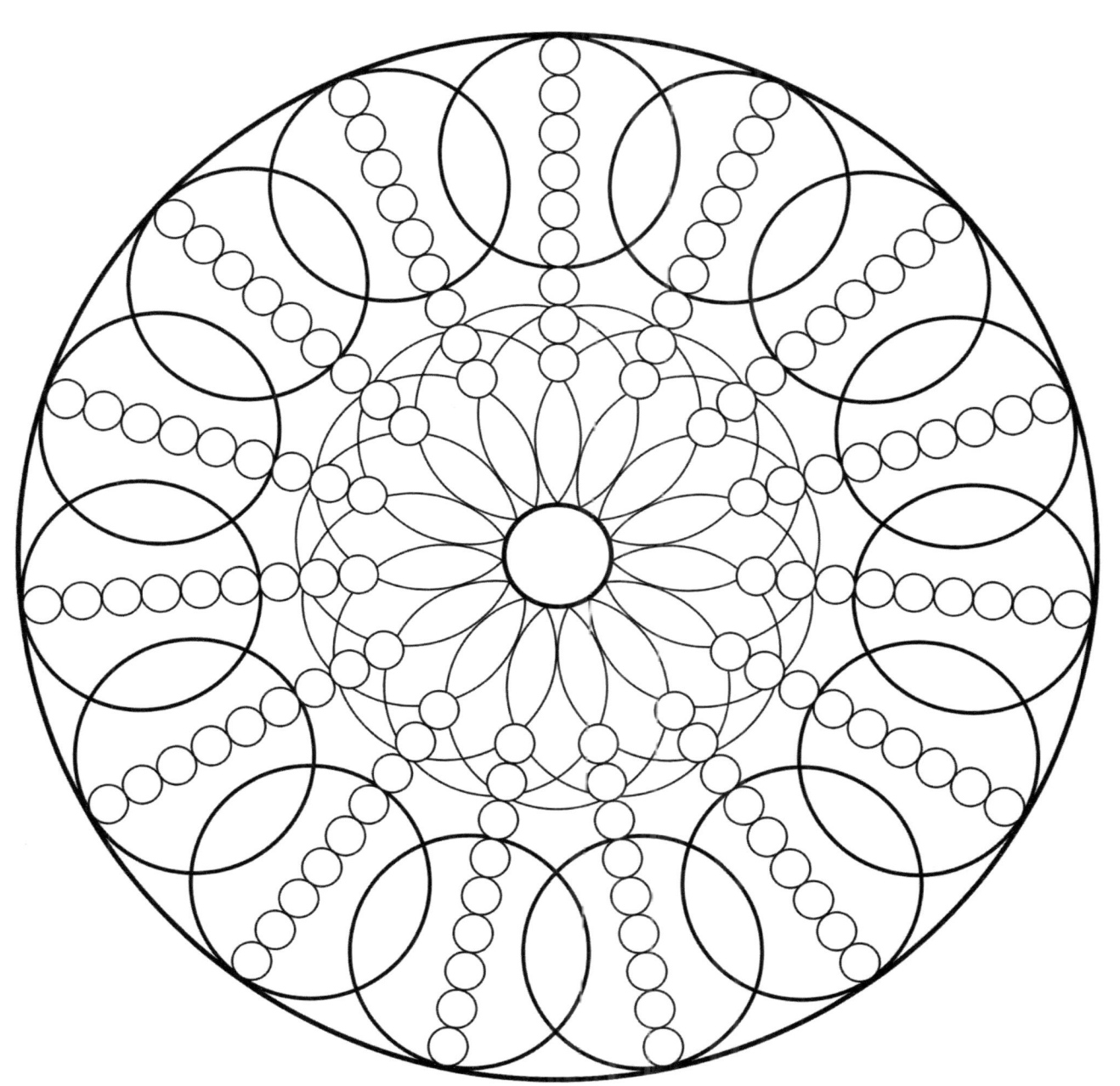

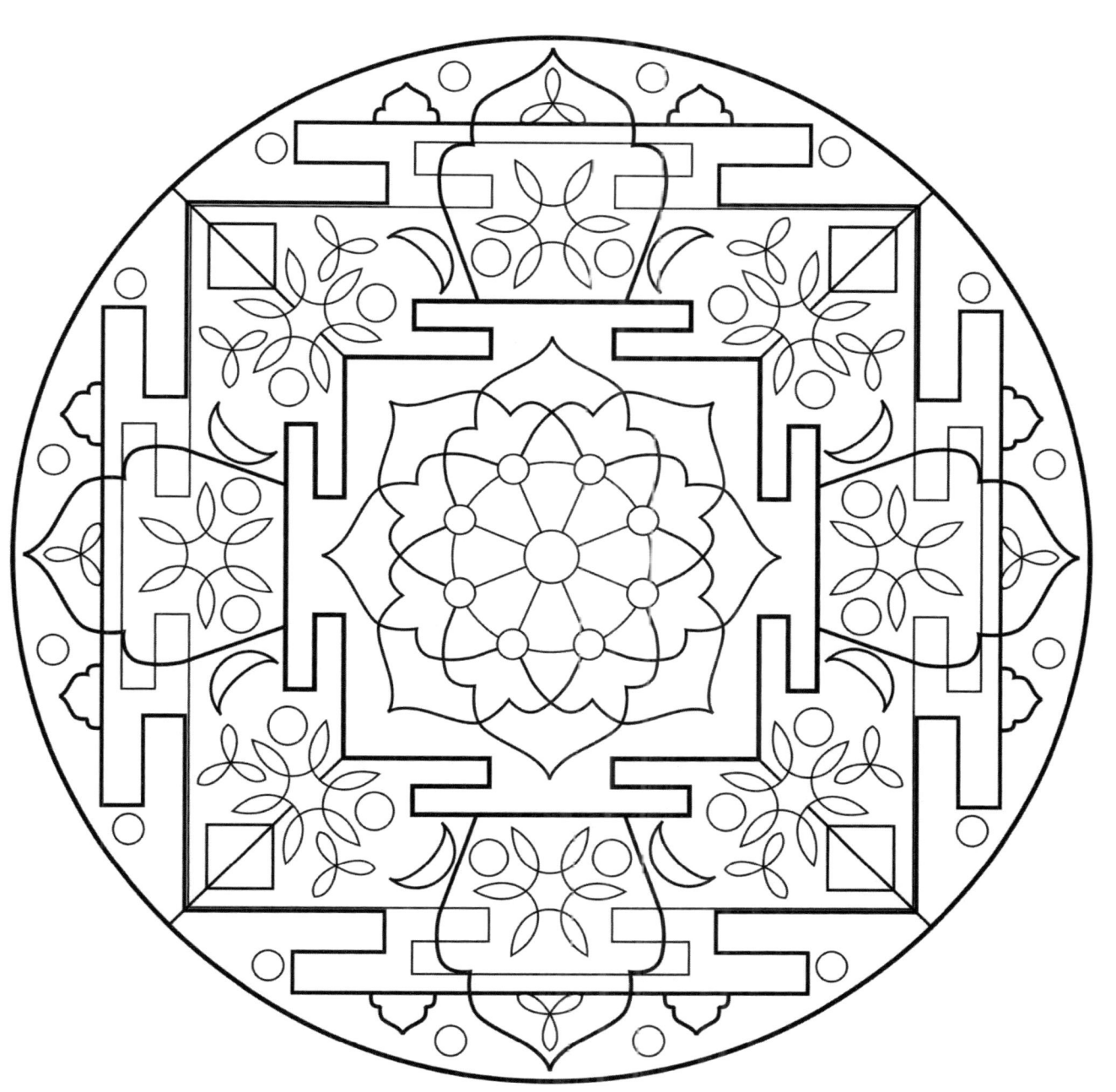

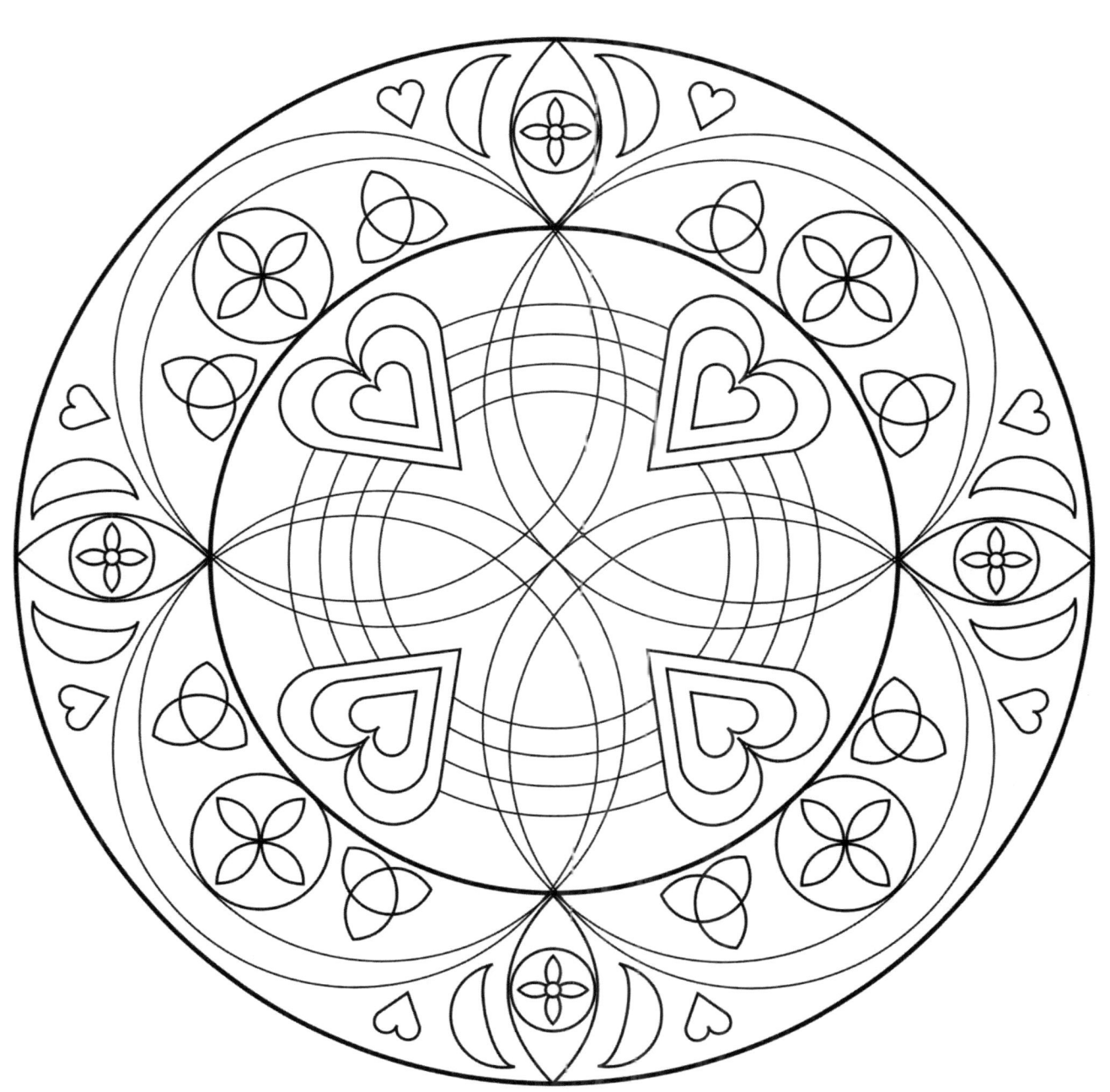

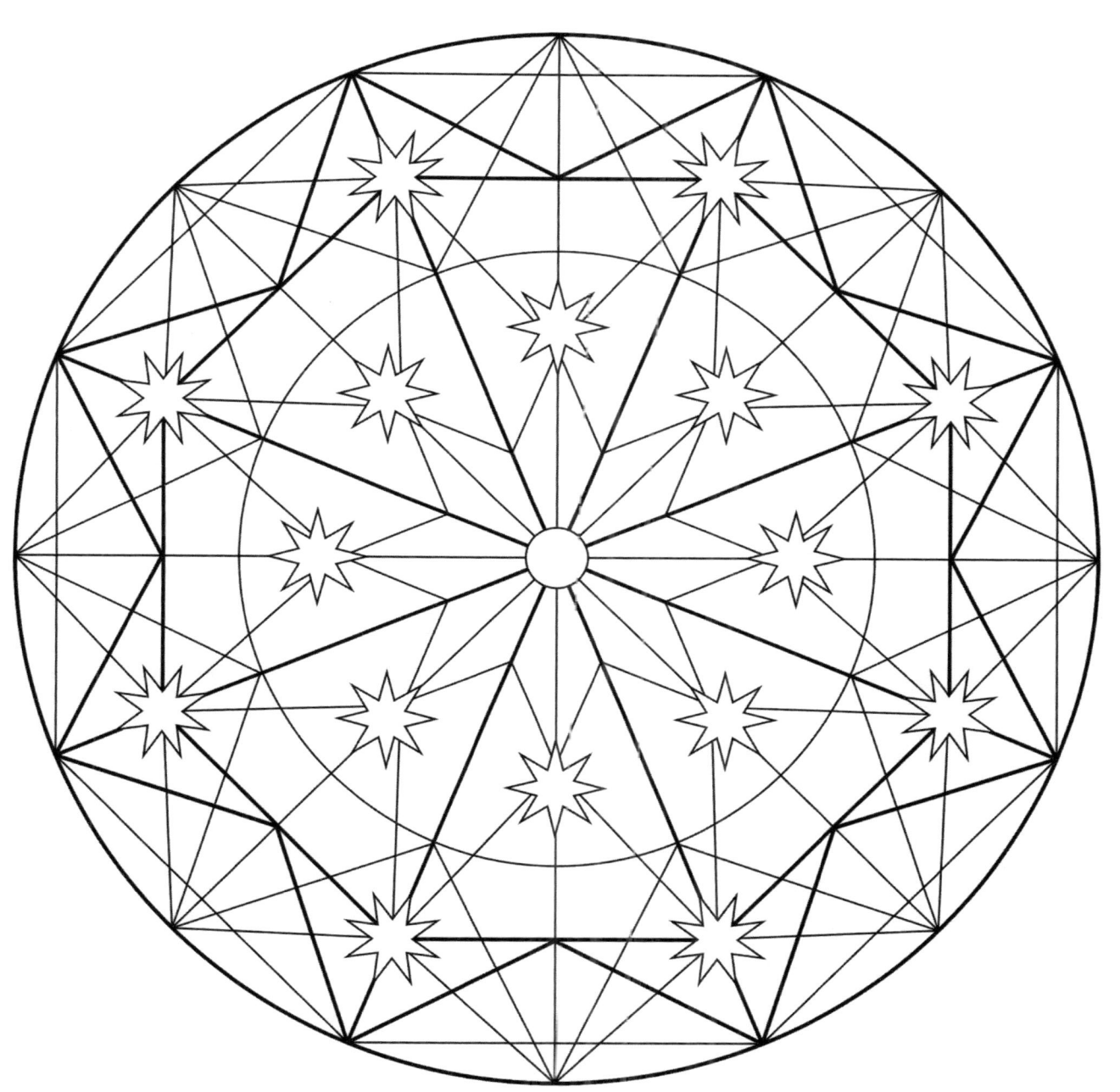

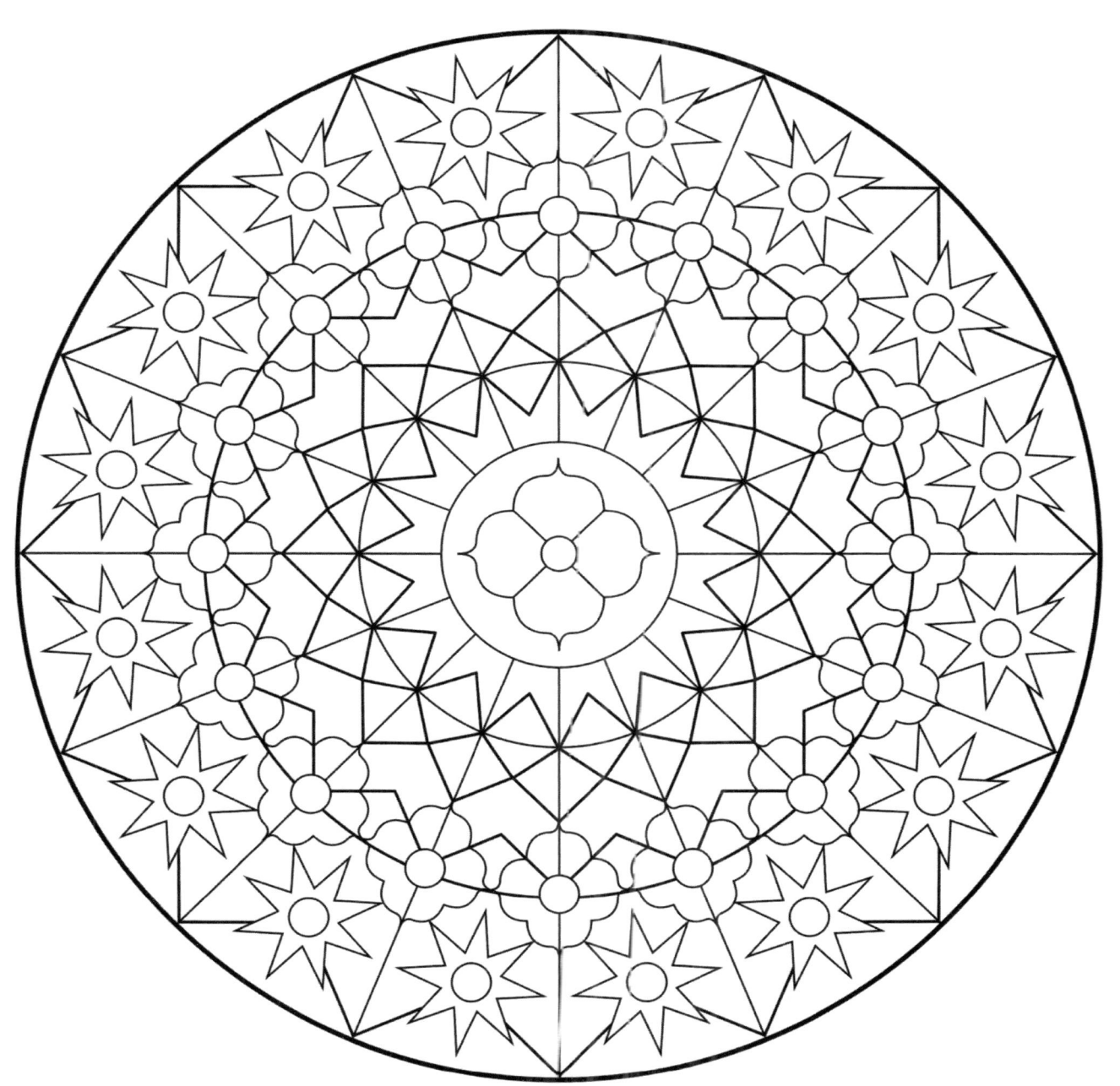